JN042200

1年の要所が
わかる・見通せる

はじめての「特別支援学級」

12か月の花マル仕事術

特別支援教育の実践研究会・
喜多 好一 編

明治図書

はじめに

「特別支援学級の担任になったけれど何をすればいいだろうか。」

私が新規採用教員として，知的障害特別支援学級の担任に着任した時の率直な気持ちです。毎日，不安な気持ちを抱きながら，目の前の子供一人一人に懸命に相対していた記憶が思い出されます。不安に感じていた背景には，知的障害のある一人一人の子供の特性や教育的ニーズの把握ができていないために支援や指導がわからなかったことがありました。また，特別支援学級そのものの理解が不足していたことも要因としてありました。

不安を払拭するために，毎日，子供と一緒に過ごし，少しの変化も見逃さないようメモをし，子供の心の理解に努めました。わからなければ先輩教師に助言を求めました。その甲斐あって，個々のアセスメントや特別支援学級の運営についても指示を仰ぎながらできるようになり，特別支援学級の教師としてのやりがいを強く感じ，その後も続けることになりました。

さて，特別支援学級に関しては，平成19年度にスタートした特別支援教育が15年を過ぎ，現在，大きな変革期に入っています。具体的には，「特別支援教育を担う教師の養成の在り方等に関する検討会議」報告（令和4年3月31日）に，「全ての採用教員におおむね10年目までの期間内において特別支援学級の担任を複数年経験すること」と記されました。また，校内（通常の学級と通級指導教室，通常の学級と特別支援学級）の教師間による交換授業や研究授業の実施，担任外の教師による特別支援学級の専科指導，通級による指導の教員による通常の学級におけるTT指導など，採用，育成段階における方針が明確に示されました。10年目以上の教師に関しても，キャリアプランの中で，特別支援教育の経験ができるように努めるとの記載もあります。

今後は，教職経験の少ない教師も含めた全ての教師が，特別支援学級の指導を経験するようになります。そうなった時に，冒頭で紹介した私のように不安を抱く教師が多くなると想定されます。現在，特別支援学級の対象とな

る子供の数が全国的に増加の一途をたどっています。子供の数に比例して特別支援学級数も増え，それに見合う教師の配置も必要になり，まったくはじめて障害のある子供の指導にあたる教師が増加しています。

　このように，特別支援学級にスポットライトがあてられ，嬉しい限りですが，特別支援学級にはじめて携わる教師が専門性を身につけ，よりよい経験ができなければ，今回の方針の意義は失われてしまいます。

　そこで，はじめて特別支援学級の担任になった教師が，少しでも自信をもって日々の指導や学級経営ができる指南書として，本書『はじめての「特別支援学級」 12か月の花マル仕事術』を刊行いたしました。

　まずは，「先輩教師からのエール＆12か月の流れ例」にまず目を通してみてください。特別支援学級の担任としてのやりがいや矜持，励ましなど，きっと勇気づけられます。年度はじめの子供との出会いや指導のポイントは「第1章　3・4月　新年度に向けての準備 ToDo ポイント」から「第4章　4・5月　はじめに押さえる　生活・学習システムづくり」を参考にしてくだい。教科指導や自立活動の指導で悩んでいたら「第5章　12か月　子供を伸ばす　教科の学習指導づくり」と「第6章　12か月　個々に育む　自立活動の指導づくり」を，一人一人の指導すべき課題の設定の手順が知りたくなったら「第7章　12か月　『個別の指導計画』の活用ポイント」をそれぞれ開いてみてください。そして，1年のまとめのポイントは，「第8章　1～3月　みんなで育てる　連携・引継ぎポイント」にコンパクトに集約されています。ぜひ，本書をお手元において，日々の指導等に役立てていただけますと幸いです。

　執筆にあたっては，全国で活躍されている特別支援学級の先生方から，選りすぐりの実践を紹介していただいています。ご執筆いただいた全ての皆様に心から御礼を申し上げます。

『特別支援教育の実践情報』編集部　喜多　好一

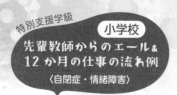

特別支援学級担任の仕事は
「日々の発見！」が素敵

（森村美和子）

仕事のやりがい❶　新しい発見の日々！
～子供の成長や変化を日常的に目撃できる～

　公立の小学校で勤務していると子供との出会いは偶然です。たまたま勤務した学校でたまたま担任となって出会った子供たち。そんな子供の成長や変化を1年～数年という単位で，日常の中で目撃できるってすごいことだと思います。特に，特別支援学級の場合は，少人数の子供たちとじっくり，深く丁寧にかかわるので思いもひとしおです。

　中には入学から卒業まで見守れるということも特別支援学級ならあります。こんな恵まれた職業はなかなかないかもしれませんね。「できた！」って喜ぶキラキラの笑顔を見たり，「実はね～」と苦手や辛いことをこっそり教えてくれたり，好きなことにワクワク夢中になっている姿にキュンとしたりなど，日常の中のちょっとした出来事にも心揺さぶられる瞬間がたくさんあります。時には大人でも知らないような宇宙や虫や歴史などの専門家顔負けの話を知っていてびっくりします。プログラミングや動画編集やゲームを教えてもらい大人と子供の役割交代をすることもあり「本当にすごいな」と関心します。もちろん成長の裏にはたくさんの葛藤や衝突もあるのが事実です。そのたびに，大人側も「教師」として成長させてもらっている気がします。そういう意味では，特別支援学級は子供も大人も「人としての成長」がたくさんある魅力的な場所なのかもしれません。

仕事のやりがい❷　じっくりゆっくり一人の子供と向き合える

　特別支援学級のよさは，なんといっても毎日，少人数の子供とじっくり向き合えることだと思います。私は，長い間，通級指導教室の担任もしていました。多くの子供とかかわれる通級指導教室の楽しさもありますが，決められた短時間に週1回のみのかかわりで関係性をつくり，成果を出す難しさも感じていました。その点，特別支援学級は，朝の「おはよう」から休み時間，給食など，授業外の時間も生活を共にすることができ，たっぷりじっくり子供とかかわることができます。また，1年を通じて様々な行事を楽しんだり，自分たちで企画した活動が実行しやすく，大胆に年単位でダイナミックな活動を展開できるという点もおもしろさだと感じます。担任や子供たちの「やってみたい」を叶えられるチャンスがある学級だと思います。

仕事のやりがい❸　多くの出会いに支えられる仕事

　教師は，人生の一幕に登場し，大事な子供時代にかかわることができる仕事であり，やりがいも責任も大きいと感じています。特別支援学級の担任をしていると子供たちだけでなく，保護者や交流学級の担任との出会いもあります。また，チームで連携して子供たちの成長をサポートしていくことが多いので，外部の専門家たちとの出会いもあります。主治医，スクールカウンセラー，言語聴覚士，作業療法士，各種療育機関など，子供を取り巻く多くの人たちとのコミュニケーションを図りながら，一人では難しいことも，チームやつながりの中で連携して取り組むことができます。

　最近は，成人した卒業生たちと会うことも増えました。「あの時，話を聞いてもらえてよかった」「先生は，いつも明るかったのが救いだった」「仲間がいたから頑張れたよ」等，思い出話の中から，たくさんのヒントを得ることができ，勇気づけられることも多くあります。多くの出会いに支えられる仕事だなとつくづく感じています。

はじめて先生へのエール

❶「うまくいかない」が学びのチャンス

　私がはじめて教師となり配属された先は，たまたま「特別支援学級」でした。専門的な知識もまったくない中で戸惑いからのスタート。そんな状況だったので，自分の思い通りにはいかないことの連続でした。授業プランを一生懸命考えてきても，子供に拒否され逃げられちゃったり，意思疎通ができずに固まる子供の前で何もできず無力感を感じてしまったりしました。教師になったばかりの私は，勝手に思い描いていた教師像とのギャップに挫折の連続でした。目の前の子供に何をしたらいいんだろう？　子供の行動の意味を知りたいけどどうしたらいんだろ？と本を読んだり，先輩に聞いたり，研修を受けたりしました。ただただ必死で，挫折や葛藤も体験する中で，後から特別支援学校の免許をとり，必要に迫られ学び続けて今があります。そう考えると，今の私があるのは「うまくいかない」ということが原動力となっていた気がします。そもそも，子供が自分の思い通りに動いてくれるなんて思っていた若い頃の私が間違っていたのかもしれません。学びながら，子供に教えてもらいながら，教師としても成長させてもらってきたと感じます。「うまくいかない」を学びのチャンスと捉えて，スタートできるといいですね。

❷子供も自分も大切にしよう

　特別支援学級の担任は，一人の子供とじっくり深く向き合えるとても魅力のある仕事です。しかし，特別な教科書や決まったカリキュラムがあるわけではなく，全て個に応じてカスタマイズするオーダーメイドです。子供をどうアセスメントして，理解して，その子に合う指導計画や支援の方略を考えていくのは至難の技とも言えます。若い頃，先輩の先生は子供の状況をよく理解していて，何で苦労しているのか，どうして困っているのかを分析して話している姿がカッコよくて，何もわかっていない自分が情けなくて落ち込んだりしたのを今でも覚えています。また，活発だったり，情緒の浮き沈み

の波が大きかったり，行動のコントロールに苦労していたり，いろいろな子供たちと付き合うことも多くあります。神経をはっている分，時には，疲弊して疲れ果ててしまうなんてこともあるのではないでしょうか。ある時，子供から手作りの絵カードをもらいました。そこには，かわいい絵と「疲れはがんばりのあかし！」と書かれていました。そっか，疲れ切っていたのは，いつも頑張っていたんだな～っとハッとしました。自分自身の状態って，時に見えなくなることもあります。もしかすると頑張りすぎているのかもしれません。悩みを溜め込んでいたり，うまくいかなかったりすることで頭がいっぱいになっていませんか？　疲れは頑張りの証。時には，ゆっくり休む時間もとって，子供のことも自分のことも大切にできたらいいですね。

❸学校外のつながりをもとう～自分の居場所～

　学校の中にいると，本当に日々忙しくて，頭の中が仕事でいっぱいになってしまうこともあります。また，何十年も仕事を続けてきた中には，学校で同僚との関係や学級経営などがうまくいく時もあれば，思うようにいかず苦労する時もありました。そんな時に私を助けてくれたのが，学校外のつながりでした。外部の研究会のメンバーだったり，他校の教師だったり，昔の同僚だったり，趣味のサークルだったりします。どんな場所でもいいと思いますが，学校以外に「自分の居場所」のような安心できる場があると素敵だなと思っています。

　最近は，新型コロナウィルス感染症の影響で，オンラインでの研究会やゼミなどがたくさん開催されています。自宅にいながら，時間を問わず，全国の教師たちとやりとりができるようになっています。私も，会ったことはないオンラインのゼミのメンバーに悩みを打ち明けたり，また，教材や新しいアイデアの情報をもらったりと励まされた経験があります。コロナ禍で人と人とのつながりの大切さを再確認しています。自宅や学校とは別の居心地のいいサードプレイスをもてるといいなと感じています。

小学校　特別支援学級　12か月の流れ

月	今月の仕事チェックポイント
4月	□諸表簿（指導要録，出席簿，健康診断票）の整備　□教科書の確認 □引継ぎ事項の確認と子供に関する情報収集 □個別の教育支援計画の作成・確認　□個別の指導計画の作成 □教育課程の編成（週時程表，年間計画等）　□交流及び共同学習の計画・打ち合わせ・学校行事の参加計画　□時間割の作成　□週案作成　□教材の選定　□学級だよりの作成　□校内の協力依頼（職員会議，校内委員会等）　□始業式の計画　□学級経営案の作成　□入学式の計画・準備　□遠足実踏　□保護者会の計画準備　□外部専門家との連携日程調整連絡　□学級だよりホームページ更新（毎月）　□タブレット端末の整備　□教室環境整備　□クラブ，委員会決め　□下駄箱，傘立て　□緊急対応，アレルギー等確認　□登下校の方法
5月	□教育課程届け出用紙提出 □校外学習の年間計画 □通知表の検討 □校外学習（春）の計画 □進学・進路相談（6年生） □校内委員会との連携 □全国学力検査の確認　□学校全体へ特別支援学級の理解啓発（学校だより等） □スクールカウンセラー，専門医との連携計画
6月	□水泳指導の準備　□宿泊を伴う校外学習の計画　□個人面談の計画・準備 □各種調査届出等　□校内研究授業計画　□スポーツテスト準備
7月	□通知表の作成（個別の指導計画の評価）　□夏休みのしおり作成　□夏休みの課題作成　□支援会議の計画・実施　□学級経営案の評価と2学期の目標　□1学期の指導記録のまとめ　□出席簿　□授業時数届出　□学期の会計報告書作成
8月	□個別の教育支援計画の追記　□教室環境の見直し □次年度使用教科書の届け出　□個別の指導計画の作成及び修正　□教材研究 □消耗予算申請

> 教室は毎日過ごす場所なので，構造化された機能的な教室環境はとても大事。安心安全な場にするためにも，個室等を含め，子供本人と相談して自立活動の時間等で考えるのもよいアイデア。

学校行事への参加の方法は一人一人違う。日頃から通常の学級の担任と円滑なコミュニケーションを図り，特別支援学級や子供の理解促進を行うことが大事。

9月	□運動会の計画，参加方法の相談検討　□学芸会，展覧会等の計画・準備 □校外学習（秋）の計画，相談　□次年度備品予算申請
10月	□中学校就学相談書類作成（6年生） □運動会準備，練習
11月	□学芸会（展覧会）練習準備　□就学時健康診断　□学期末面談準備 □各学年社会科見学引率
12月	□書き初め大会の準備　□卒業式に向けた打ち合わせ　□通知表の作成（個別の指導計画の評価）　□面談(進路面談)の計画・実施　□学級経営案の評価と3学期の目標 □2学期の指導記録のまとめ　□次年度使用教科書の届け出（変更の有無） □次年度教育課程の届出書類作成スタート　□個別の教育支援計画の追記 □個別の指導計画の作成
1月	□次年度の転学者特別支援学級体験（随時：次年度新入生）　□書き初め大会 □特別支援学級市内展覧会作品展準備　□卒業アルバム文集作成作業，卒業制作準備
2月	□卒業生を送る会・予餞会に向けた計画と準備　□学力検査の確認 □卒業関連事務　□卒業式計画練習
3月	□通知表の作成（個別の指導計画の評価） □春休みのしおり作成 □学級経営案の評価 □次年度学級編制 □保護者面談 □次年度交流及び共同学習の計画立案 □次年度への引継ぎ文書の作成 □指導記録のまとめ □指導要録の記入 □個別の教育支援計画の追記　□次年度教育課程の立案提出

変化の大きい新年度は子供も不安になることが多い。今年度のまとめとしながら，次年度への引継ぎ文章を作成しておくとスムーズ。子供の困難さだけでなく，好きなことや得意なこと，強みなども引継ごう。

小学校　特別支援学級　12か月の仕事の要所

❶4月　最初の出会い

　1年の中で，子供も大人もドキドキするのが出会いの4月だと思います。どんな子だろ？どんな先生だろ？関係性を築くことはできるかな？どんな1年になるだろ？友達はできるかな？等の不安も期待も入り混じる出会いの時期。何年教師をやっていても，同じ思いになります。それだけ，大事な出会いの時。ましてや，特別支援学級の子供たちの中には，人に対する不安が強かったり，新しい場所に慣れるのに時間がかかったりする子供も多いのでなおさらです。

　素敵な出会いを迎えるために，気をつけていることがいくつかあります。まずは，子供のリサーチです。特に，はじめて出会う子供の「好きなこと」をリサーチしておくことをおすすめします。引継ぎはどうしても困難さや苦手さなどの問題となるような行動が中心になることが多くあります。できればそれだけでなく，保護者や前担任から，好きなことや得意なこと，うまくいった場面，落ち着く場所など，本人が心地よく過ごせる情報をたくさんもらっておきましょう。また，4月当初はお互い慣れるだけでも大変な状況です。できる限り本人の安心できる世界でたくさん遊ぶことをおすすめします。また，時には，個室やクールダウンの場所などの教室環境の一部でもいいので，一緒に作ったり考えたりする時間がもてるといいですね。

❷10月　行事への参加

　2学期は多くの学校で大きな学校行事が開催されます。運動会，学芸会，学習発表会，展覧会，移動教室，社会科見学，遠足など，学校によっては1学期に実施のところもあります。学校行事への参加をどうするか，子供たち一人一人にとって大きな課題となることがあります。たくさんの人がいると本来のもてる力を発揮しづらかったり，感覚の過敏さや気持ちのコントロールなど，それぞれの子供の状況によって行事への参加を悩むことも多くあり

ます。学校行事が成功体験で終わるようにいくつか気をつけていることがあります。まずは，日常的に交流学年の先生とのコミュニケーションを図るということです。交流学級の先生方と日常的に情報交換を行い，信頼関係を築くことで，学校行事の場面でも相談などがうまくいくことが多くあります。次に，どのような参加方法がいいかを事前に本人と十分に相談することが大事です。また，保護者に打診をする必要があります。特別支援学級の子供は，白か黒か，ゼロか100かといったような選択をしやすい傾向にあると思います。出るか出ないかの２択ではなく，自分に合った様々な方法を考えて，実行するという経験はとても大事です。

　例えば，運動会の徒競走に「絶対出ない」と言っていた子供でも，実は話を聞くとスタートのピストルの音が怖いという理由が出てきました。そこで，そのレースでは違う音でできるよう交渉し，参加できたということがありました。また，学芸会で大勢の人の前で演技することが難しく，学芸会の参加自体を諦めていた子供が，校長先生にも相談をし，特別支援学級は動画撮影編集を自分たちで行った動画による配信とすることで参加できたり，移動教室では一部別行動のプランを立てるなど，工夫により選択肢が広がり成功体験につながることがあります。

❸2月　進路・引継ぎ

　年度末になると，４月の変化を前に不安定になる子供もいます。もともと環境の変化が苦手な子供たちです。そのため，次年度に向けての準備は入念に丁寧に行う必要があります。新しい環境へのシュミレーションや進学に際しては切れ目のない連携が重要となります。新しく入級する子供がいる場合は，１月くらいから少しずつ放課後などに環境に慣れるための体験や練習を行うことがあります。まずは場に慣れ，人に慣れとスモールステップで慣らしていくと安心感が増すことが多くあります。また，引継ぎの際は，苦手なことだけではなく，本人が安心できるものや好きなもの，得意なことを引継ぎ，新しい人間関係がスムーズにいくように配慮する必要があると思います。

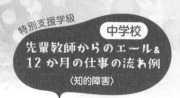

特別支援学級
先輩教師からのエール&
12か月の仕事の流れ例
〈知的障害〉

中学校

特別支援学級担任の仕事は「子供や
保護者との密度の濃いかかわり」が素敵

（米内山康嵩）

仕事のやりがい❶　一人一人の子供や保護者との距離が近いこと

　通常の学級であれば，1クラスに30〜35名ほどが在籍していますが，特別支援学級では1学級の定数が8名であり，より一人一人の子供に向き合える環境にあることが特徴としてあります。

　通常の学級の子供はもちろん一人一人個性が違いますが，特別支援学級に在籍する子供はそれ以上にとても個性豊かなことが多いと感じます。そのため，一人一人に時間をかけて向き合い，深く内面を理解し，学習や生活を共にすることを通して，自分自身の在り方が問われる気がします。

　同様のことは，保護者との関係づくりにもあてはまります。保護者は，子供を共に支え，育てていくパートナーです。連絡帳などで毎日やりとりをして，情報交換を行っていくことはもちろん，指導に行き詰まった際には，家庭での対応を参考にしていくことで，事態をよいほうに打開できることも多くあります。これは，保護者とのかかわりが密接であるからこそだと思います。

仕事のやりがい❷　一人一人に合ったカリキュラムや
　　　　　　　　　教材作りが可能であること

　学校には学習指導要領があり，それに基づいて年間の指導を進めていくことになります。特別支援学級も，中学校の学習指導要領に基づいて，年間の指導計画を立てることになります。

しかしながら，特別支援学級の場合は，特別支援学校の学習指導要領を参考に教育課程を編成することが可能になっています（学校教育法施行規則第138条）。自立活動を含め，在籍する子供の実態を踏まえて，教科やその時数を設定することができます。また，実際の指導においては，個別の指導計画を作成し，一人一人異なる目標を立てて，その子供の認知特性に合わせた課題や手立てを設定します。まさに，「オーダーメイドの教育」と言えるのではないでしょうか。

仕事のやりがい❸　どこまでも自分がレベルアップしていけること

　特別支援学級担任としてのやりがいについて，最近になって強く感じることは，どこまで自分の実践を磨いていっても終わりがない，ということです。
　先に述べたように，子供一人一人のオーダーメイドの教育内容や手立てを考えるにあたって，自分自身がどこまでも成長していく必要がある，ということです。特に成長が必要だと感じる部分は，行動観察や各種検査結果などを読み取る「アセスメント力」の向上です。
　2007年にスタートした特別支援教育の理念は，「一人一人の教育的ニーズを把握し，その持てる力を高め，生活や学習上の困難を改善又は克服するため，適切な指導及び支援を行うもの」と定義されています。
　これを踏まえると，まさに「子供の困っている部分をどう読み解くか」，そして「それにどう立ち向かっていけるか」が問われています。目の前にいる子供が変われば，それに応対する自分自身も変わっていかなくてはなりません。苦しいこともあるかもしれませんが，それこそが教育の奥深さであり，醍醐味であると言えるのではないでしょうか。

はじめて先生へのエール

❶自分自身と向かい合うことを求められる仕事

　皆さんは，今までの人生の中で様々な人と出会い，経験を積み重ねてきたのではないでしょうか。私も教師になって十数年が経過しましたが，多くの子供や保護者と出会う中で，特別支援教育にかかわる教師ほど，自分の考え方や立ち振る舞い方が問われる職業はないと感じます。

　それは一つに，自分自身の言動が与える影響が大きいことが理由としてあります。学校で子供と接する時間は，家庭で保護者と過ごす時間とほぼ同じか，場合によってはそれ以上に長いことになります。学校における教師の言動は，実際に発する言葉だけでなく，その際の言葉遣い，表情や声色なども含めて自分では気づかないうちに，子供にメッセージとして届いているものです。保護者に対しても，日々の連絡帳のやり取り一つとっても，言葉の選び方や書いた字の丁寧さなどから，意図していないとしても，保護者に伝わるメッセージがあると思います。

　一つ一つのことを丁寧に，誠実に向き合うことはプレッシャーを感じることもあるかもしれませんが，その分，やりがいや奥深さを得られるのではないでしょうか。

❷子供からたくさんのことを学ぶことができる仕事

　特別支援学級に在籍する子供は，通常の学級に在籍する子供に比べると，学習内容やコミュニケーションスキルの定着などに時間がかかることが多いのではないかと思います。

　ゆっくりだったり，紆余曲折があったりするかもしれませんが，間違いなく自分のペースで成長しようと努力している姿は，自分の内面に多くのことを問いかけてくれます。特別支援学級で子供と向かい合う中で，「当たり前って何だろう」という，まさに究極の問いを突きつけられることもあります。例えば，私たちは，相手の顔の表情を見ながら，相手がどのように思ってい

るのかを類推して，言葉や態度を変えたりします。しかしながら，相手の表情から情報を得ることが苦手な子供にとっては，それはまったく「当たり前」ではない，大変困難な作業になるのです。

「みんなちがってみんないい」とはよく言われますが，それをまさに実感できる瞬間が日々の学級での生活の中でたくさんあると思います。

もしかしたら，今までは気づけなかった，または取るに足らないちっぽけなことだと思っていたことが，実は人間の成長・発達にとって，とても大切なことだったのだと，目の前の子供から教えられる毎日を過ごしていけるのが，特別支援学級での仕事の魅力なのかなと思います。

❸他職種との連携がとても大切で，自分の視野がとても広がる仕事

特別支援教育のポイントの一つとして，他職種との連携が挙げられます。「チーム学校」という考え方がだいぶ定着してきましたが，目の前の子供の裏には，とても多くのサポーターがいます。保護者はもちろんのこと，医療・福祉・行政などの数多くの機関がかかわっています。

職種や立場はそれぞれ異なりますが，「子供の成長・発達のサポート」という一点においては，共通の目標をもち，かかわっていくことができると思います。

児童精神科医の田中康雄氏（2008）は，連携について「複数の者（機関）が，互いの専門性を尊重したうえで，同じ目的をもち，連絡をとりながら，協力し合い，それぞれの者（機関の専門性）の役割を遂行すること」と述べています。

他の職種から出される「子供の見立て」は，自分の考えや視野を大きく広げてくれます。自分の子供を見る目が複眼的になり，子供理解が深まったと感じられた時に，この仕事のおもしろさがより実感できるのではないかと思います。

【参考文献】
・田中康雄著『軽度発達障害』金剛出版

月	今月の仕事チェックポイント
4月	・子供の実態把握，引継ぎ ・教室環境の整備 ・教科書配付の準備・確認 ・連絡帳の準備 ・健康診断票，歯の検査票の整備・確認 ・学級経営案の作成 ・年間指導計画の作成 ・個別の教育支援計画の作成 ・個別の指導計画の作成（新入生分） ・交流学級との交流計画・打ち合わせ ・登下校の方法の確認（人数が多い場合には，下校方法，下校先，連絡先などを曜日ごとに一覧表にしておくと便利です） ・緊急時の連絡先の確認
5月	・行事の計画（社会見学・体育大会） ・修学旅行の計画と実施 ・水泳学習の計画と実施 ・教育課程編成届の提出
6月	・通知表の様式などの検討 ・社会見学の実施 ・体育大会の実施
7月	・次年度の使用教科書の検討 ・夏休みの課題の作成
8月	・文化祭の計画

> 春は提出する書類が多いので，大変です。抜け落ちてしまう可能性もあります。まずは，提出が必要な書類をリストアップするとともに，複数の教員（一人担任の場合は管理職など）で確認を行い，漏れを防いでいきましょう。

> 以前に勤務した学校での工夫として，個別の指導計画と通知表を兼ねる様式を作成しました。そのおかげで，学期末の仕事量を減らすことができました。

9月	・通知表の記入 ・個別の指導計画の反省と見直し ・保護者との個人懇談 ・文化祭の実施
10月	・校区の小学校への巡回訪問（〜11月）
11月	・特別支援学校高等部の募集要項通知［進路関係］
12月	・校区の小学校保護者との教育相談（〜1月） ・冬休みの課題の作成 ・進路業務（調査書・願書などの取りまとめ）［進路関係］
1月	・次年度の教育課程編成の考案・検討 ・次年度の学級編成の考案・検討 ・卒業式の計画 ・特別支援学校高等部入試［進路関係］
2月	・個別の指導計画の反省・評価 ・個別の教育支援計画の評価・修正（〜3月） ・保護者との個別懇談（今年度の反省および来年度に向けて） ・特別支援学校高等部合格発表および手続き［進路関係］
3月	・卒業式の実施 ・個別の指導計画の作成（進級する子供の来年度当初用） ・通知表の記入 ・年間指導計画の反省・評価 ・指導要録の記入・整備 ・次年度に向けた引継ぎの準備 ・進学先の学校との引継ぎ［進路関係］

> 進級する子供については，保護者との懇談後，新学期早々から動き始められるように，個別の指導計画と個別の教育支援計画をあらかじめ作成しておきます。

中学校　特別支援学級　12か月の仕事の要所

❶4月　学級開き

　学級づくりに「黄金の３日間」という言葉があるように，子供との最初の出会いが１年間の流れを決めることになります。子供は，「今年の担任の先生は，どんな人なのだろう」と期待と不安が入り混じった気持ちでいることが多いと思います。子供が「１年間頑張ろう」という気持ちでスタートができるように，学級開きの準備をしていきます。

　特別支援学級に新入生がいる場合については，受け入れ態勢に万全を期すようにしています。例えば，入学式初日のイメージをもちにくく，不安を抱えているような場合には，前日に事前に登校してもらい，担任を紹介します。そして，入学式の会場を事前に見学したり，入退場を練習してみたりなど，イメージをより具体的にできるようにサポートすることも重要だと考えています。ちょっとした気遣いによって，学校生活のスタートがよりよいものになればと考えています。

❷12月　進路業務

　中学校に勤務していると，進路業務は重要なポイントになります。高校や特別支援学校高等部等の次の学校段階によい形でつなぐのが中学校の役割だと思います。ここで，大切にしているのは，次の二つのことです。一つは，進路に関する情報を過不足なく本人や保護者に提供することです。もう一つは，事務的な話になってしまいますが，ミスや漏れがないようにすることです。

　進路に関する情報は，本当にたくさんあります。入試要項や学校紹介のパンフレットなど必ず触れなくてはならない情報もありますが，そうでないものも実際にはあります。私自身の経験談で恥ずかしいのですが，よかれと考えて，自分が得た情報を全て提示すると，情報過多になってしまって，保護者や本人がかえって混乱してしまった，という失敗をしたことがあります。

この子供や保護者には，どこまでの情報を伝えるべきか，ということにも心を砕く必要があると思います。

　また，進路業務は，子供自身の人生がかかっています。これは決して大げさなことではありません。提出した書類が足りなかったり，〆切までに高校に到着しなかったりすると，最悪の場合に受験ができなくなってしまうことも起こり得ます。ミスや漏れが起きてしまうことを防止するために，進路業務の担当者や管理職も含めた複数でチェックすることを必ず行います。数ある業務の中で，細かい点にまで気を遣うという意味では，一番大変かもしれませんが，その分，無事に進路業務が終えられた際には充実感もとても大きいです。

❸2〜3月　引継ぎ

　1年の終わりには，次の学年や次の学校への引継ぎがあります。まずは，1年の指導の内容と手立てを振り返ることが重要です。一人一人の子供に対して，それぞれ個別の指導計画を作成していると思います。この時点での子供の実態をもとに，目標設定や手立て，課題は適切だったのかについて振り返り，来年度に向けての目標設定を行うことが重要です。懇談などを通じて保護者と情報共有することも忘れずに行っていきましょう。

　次の学年や学校との引継ぎにあたっては，情報の伝え方を工夫することが大切だと思います。個別の教育支援計画や個別の指導計画を引継ぐ際に，現在の子供の様子だけでなく，進級・進学後に想定される困難さや課題についても情報提供できるとよいと思います。

　引継ぎでよく見聞きするのは，「この1年間でとても成長したので，特に問題ありません」ということで引継ぎが丁寧に行われず，次の学級・学校で子供の課題が顕在化するケースです。もちろん，想定できないこともあると思いますが，今までのかかわりから想像して考えられることを伝えるのも，大切なことではないかと個人的には思っています。かかわりがなくなったから終わりではなく，同じ学校にいれば相談に気軽に乗るなど，アフターケアをすることも重要だと思います。

CONTENTS

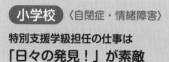

特別支援学級

先輩教師からのエール＆12か月の仕事の流れ例

小学校 〈自閉症・情緒障害〉

特別支援学級担任の仕事は
「日々の発見！」が素敵

004

（森村美和子）

中学校 〈知的障害〉

特別支援学級担任の仕事は
「子供や保護者との
密度の濃いかかわり」が素敵

012

（米内山康嵩）

第1章　3・4月
新年度に向けての準備 ToDo ポイント

第2章　4月
新年度はじめ1週間の指導必須ポイント

第3章　4月
出会いをぐんと楽しくするアイデア

第4章　4・5月
はじめに押さえる　生活・学習システムづくり

第5章　12か月
子供を伸ばす　教科の学習指導づくり

第6章　12か月
個々に育む　自立活動の指導づくり

第7章　12か月
「個別の指導計画」の活用ポイント

第8章　1〜3月
みんなで育てる　連携・引継ぎポイント

第1章

3・4月
新年度に向けての準備
ToDo ポイント

新年度のスタートダッシュに向けて3月から
準備していきましょう。

1 子供の引継ぎと実態把握 小学校
〜個別の指導計画を中心に〜

子供を理解するための情報を集め，指導および支援の目標や具体的な手立てのイメージを描いていきます。

(中嶋　秀一)

子供をよく理解し，スムーズな支援・指導を始めるために

　特別支援教育では，障害の特性や程度に応じた学習活動をカスタマイズし，支援と指導を行う必要があります。個に寄り添った支援と指導は特別支援学級の役割であり，強みです。そのため，子供の実態を細やかに把握します。

早めに引継ぎのアポイントを取ろう

　直接会って引継ぎを行うのが理想的ですが，電話やオンラインミーティングでも可能です。なお，個人情報のやりとりには保護者の同意が必要です。

引継ぎの内容例（簡易版「個別の指導計画」の例参照）

①障害の分類と程度，障害特性やその疑い，気になるポイント
　　…困りやつまずきが見られること。その対応と支援の手立て。
②学習状況…文字の読み書きや興味関心。数（数唱）や計算の理解。描画や
　　折り紙，粘土，ブロックあそび等の様子，興味関心（目と手の協応）。
③コミュニケーションや人間関係…言語力，友達との関係，相手意識の理解。

④生活面での実態…衣服の着脱（ボタン，ファスナー，紐結び），トイレ，食事（偏食，咀嚼や嚥下，箸等食具の使用），階段歩行，登下校の安全。

⑤医療的ケアの有無…服薬，アレルギー対応，発作等緊急時対応の確認。

⑥家庭状況…保護者の考え・養育態度について。

⑦子供の好きなこと，得意なこと…支援に生かすことができる強み。

⑧不安や苦手の様子…合理的配慮や心理的ケアが必要なポイント。

　各項目は内容に重複や関連があるので実態に応じて整理します。自立活動の目標や内容が設定されている場合は，成果と課題をしっかり確認します。

「個別の指導計画」の作成

　「個別の指導計画」は，引継ぎ情報や子供の行動観察をもとに，具体的な目標や指導内容，支援方法を計画し実施するものです。複数の指導者が連携して支援・指導を行うための情報共有ツールとしても役立ちます。右は簡易的な例ですが，各教科や行事等の活動場面に応じた目標や支援方法も含めて一覧にするものが一般的です。特に，自立活動の指導は必ず取り入れることになっているので明記する必要があります。

《簡易的な個別の指導計画の例》

○○小　令和5年度　個別のサポートプラン（年間）

児童名：4年　北海　道広　　記入者：中嶋　秀一　　作成・更新：5年4月

現在の様子（気になること，苦手なこと，困り）
　ADHD等の診断名なし。時折衝動的な行動が見られる。自己有用感がやや低い。
　漢字や計算は得意。物語文や文章問題の読解が難しい。運動が得意。
　友達とささいなことでケンカになることがある。すぐに手が出てしまう。
　基本的な生活習慣，日常生活動作に問題は無い。食べ物の好き嫌いが多い。
　医療的ケアやアレルギー等なし。（記載を省略します）
　靴紐やエプロンの紐を結ぶのに時間が掛かる。すぐほどける。
　・ほめられるととても喜んで，教師の手伝いや係の仕事を意欲的に行う。

支援に生かすことのできる本児のよさ，この子らしさが発揮できる強み
　身体を動かすこと。体育の授業で，挑戦したり，技を披露したりすること。
　・係の仕事や当番活動に真面目に取り組む。（自己肯定感，自己有用感につながる）

本人や保護者，担任の願い
　父親は協力的。本児に合ったペースで学習させたい。可能な範囲で，交流及び共同学習に参加させて欲しい。（保護者）野球選手になりたい。（本児）

R4長期目標（卒業までにできるようになってほしい長期的課題）
　【自立活動】言葉で気持ちや考えを伝えるよさを理解し，友達と仲良く協力して活動しようとする態度を身に付ける。（心理的な安定，人間関係の形成）
　【生活面】思い通りにならないことがあっても，よりよい方法を試行錯誤して取り組む力を身に付ける。蝶結びができるようになる。
　【学習面】自力解決できる内容を中心に取り組み，できることが増えることを実感し，学習に対する意欲を高める。

短期目標	支援の手立て
・自分の考えを言葉で伝え，友達と分かり合いながら過ごせるようにする。 ・学習や係活動を通して自信を付ける。 ・蝶結びができるようになる。	・感情的な時，気持ちを適切な言葉に置き換えて友達との相互理解を促す。 ・活躍できたことを認め，言葉で伝える。 ・紙ファイルの綴じ具を2色の紐に替えて，日常的に結ぶ機会を創出する。

成果と課題
　・前期末に目標や手立てを修正して更新。
　・年度末に，成果と課題を記載。次のステップに移行する場合は，新たな優先課題と支援の手立てを記載する。支援を継続する場合は，「継続して支援を実施する必要がある。」等と引き継ぎ事項を記載する。

※保護者と共有することを想定し，使用する文言に留意する。この例では，ステップファミリーであることは記載していない。

2 子供の引継ぎと実態把握 中学校
～個別の指導計画を中心に～

担任する子供を，具体的にイメージできるような引継ぎができるとよい支援につながります。

（塩原　亜紀）

「個別の指導計画」＋「引継ぎシート」を使った引継ぎ

　新年度，特別支援学級担任になったあなたは，「個別の指導計画」を見て学習内容を確認し，前担任から様々なエピソードを聞いて，担任する子供をイメージするのでしょう。

　中学校の年度はじめは，ゆっくり引継ぎをする時間の確保は難しいです。そこで，誰が見てもわかる引継ぎシートを使うとよいでしょう。「誰が見てもわかる」ためには，質問項目は専門的な言葉を避け，誰にでもわかる言葉を使うようにします。資料1は，はじめて特別支援学級担任になった先生が，その年度末の小学校との引継ぎの際に作成・使用した記録用紙です。ある自治体の「教育支援資料」の形式を参考にしました。実態が把握しやすく，その子供を具体的にイメージしやすくなっています。

実態把握のために……保護者，本人との面談

　よい支援のためには実態把握が重要です。そのために私たちは4～5月の多くの時間を費やします。できれば始業式に会う前に，イメージをはっきりさせたいと思いませんか。それには，会ってみることです。新入生ならば尚

資料1　引継ぎシート　※チェックのついた項目は，左の欄に記述します。

新 入 生 引 継 記 録　　日時：令和3年3月21日（月）

| 氏　名 | | 性別 | | 担当者：○○小学校 | 先生 |
| 所属学級 | あおば　つばさ　→　　5　6　7 | 手帳 | 有り　無し | ○○中学校 | |

学習面	国語	聞く・読む・書く・話す・会話・その他	□漢字の読み書きに2学年以上の開きがある　□おうむ返しがみられる，言葉が詰まる □鏡文字がみられる　□作文等を書くのが苦手 □言葉が不明瞭である（子音・置き換え等） □平仮名・片仮名の読み書きが不十分　□アルファベットを書くのが苦手
	算数	数唱・対応・数の概念・計算・金銭・時計・その他	□計算力に2学年以上の開きがある　□数と概念が一致しない □ある領域には優れるが，他の領域は理解が難しい □計算問題はできるが，文章題は理解できない　□時計は読めるが，生活に一致しない □1人でお金の支払いができる。
	その他	絵・音楽・社会知識・興味関心・その他 ＊1人で行ける交流授業 [　　　　　]	□全般的な知的発達に遅れがある　□特定のことだけ詳しく知っている □単純な反復運動（手をひらひら等）を繰り返す　□人物画・人物画以外の絵がかけない □指先の動き・身体運動にぎこちなさがある　□楽器の演奏が苦手である
性格・行動面	性格		□特定の物・順番・道順へのこだわりがある □環境の変化（時間割の変更）への対応が困難 □視線が合わない，反応のポイントがずれる
	運動能力		□身体の一部（目・耳・手・足等）が不自由　□身体表現が難しい □スキップ・けんけん・縄跳びがぎこちない □ラジオ体操・リズム体操などがぎこちない □自転車に乗れる
	行動特性	＊行事等への参加 → 1人でできる　・要支援	□集団行動・人とのかかわりが難しい　□偏食がある　□食アレルギーがある □注意・集中が持続しない　□パニックを起こす □他人に危害を加える，勝手にどこでも行く □ルール・マナー・集団内で自制できない
	その他	＊パニックの立ち直り方 ＊電話が使える	□一人遊びが多く，特定の人の働きかけに反応　□落ち着きなく動き回ることが多い □情緒不安・精神不安定になることがみられる □感覚過敏がある（皮膚・音・光）　□身体姿勢保持が難しい
その他		医師の診断・療育歴・服薬等 所属機関　□子ども未協議　□33W　□放課後 Day（　　　　　　）	
		家庭状況　（　要保護・準要保護　）	

更です。挨拶だけでもよいのですが，何か書いてもらったり，動いてもらったり，座り方を見てみたり……実態把握の一歩目になります。

専門機関との顔合わせ

　春休みを利用して，子供がかかわっている専門機関と顔合わせをしておくとよいでしょう。スクールソーシャルワーカー，言語聴覚士，作業療法士など，子供にかかわる専門機関の担当者は，子供の支援に困った時に，あなたを助けてくれる人たちでもあります。困った時が初顔合わせというのは，お互い気まずいものです。何もない時に会えると和やかな出会いになります。また，運よく春休み中に「作業療法」などを受けるという情報を得たら，チャンスです！　保護者（本人），学校の許可を得て，同行させてもらうとよいでしょう。子供と専門家のかかわり方を見学することで，子供への接し方，支援の仕方のアイデアがわいてきます。

3 教室環境の準備（配置・グッズ）小学校

安心して自立した活動が実現することで自己肯定感や自己有用感が高まります。
教室環境を整え，子供の学びを支えていきます。

（中嶋　秀一）

子供が自分で「できる」を身につけ，実感できる環境づくり

❶【子供を認める支援】自分の居場所を実感しやすくする工夫

□机と椅子〔体格に合わせる〕　□顔写真つきネームカード〔磁石つき〕

□遊べるコーナー〔着替えや休憩もできる憩いのスペース〕

□名前表示〔机，椅子，個人ロッカー，カバン収納棚等〕

❷【安心と理解の支援】学習や生活に役立つ情報提示の工夫

□日めくりカレンダー　□月めくりカレンダー〔予定，時系列確認に必須〕

□時間割　□給食献立表〔※食物アレルギー確認〕　□時計〔分表示つき〕

□「よいしせい」ポスター　□声の大きさ段階表

□朝の会ボード＆マグネットプレート※次頁参照

❸【日常生活の支援】習慣化により自主性を高めていくための工夫

□個人ロッカー〔整理整頓の習慣化〕　□配付物用個別トレイ　□ハンガー

□全身ミラー〔身だしなみ用〕　□提出物用トレイ〔連絡ノート，宿題等〕

□学習用ファイル　□棚や引き出しの内容表示〔探す・戻すを支援〕

これがあれば効果的！　特別支援学級の教室レイアウト例

【子供が制作！】

学級テーマと自分の顔を図工で制作。仲間の輪づくりを支援・指導します。

【教師が制作！】

◎朝の会ボード：文字＆数字のプレートを使って予定を確かめ，見通しをもちやすくします。

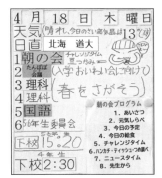

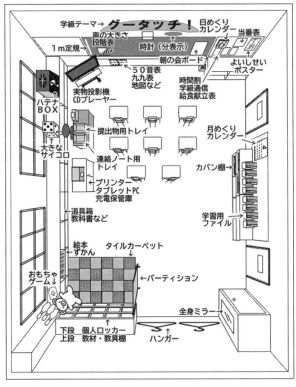

◎大きなサイコロ：順番決めや算数ゲームで活躍。

◎ハテナBOX：教材の登場や，くじ引きに便利。

【予算で購入！　教材・教具にもなる便利グッズ】

〔消耗品〕□キッチンペーパー　□ポリ袋（小）　□持ち手つきポリ袋

〔備品〕□ミニホワイトボード＆マーカー　□学習プリント用レターケース

□各種ブロック　□アイロンビーズ　□バランスボール　□各種ゲーム玩具

　「遊び」は発達を支え，レディネスを育む学習活動です。教室環境を楽しくするための大切なポイントは，明るくて信頼できる先生の存在です！

4 教室環境の準備（配置・グッズ）中学校

よい教室の雰囲気をつくっていくには，子供たちのかかわりだけではなく，教室環境も重要です。どの子供も安心して過ごせる工夫をします。

（塩原　亜紀）

座席，ロッカーの配置

　子供が安心して過ごせる教室とは，どのような教室でしょう。

・先生の目が届く席　・仲のよい友達の隣　・他の人から見えないところ
・ロッカーを使っている時に他の人とぶつからないこと

　子供の座席やロッカーの配置は，子供の大きさ，相性，動線を考えてみましょう。目線や大きさや動きも子供になりきると，写真1のように，位置は決まります。

買い物は100円ショップで

　見えるもの全てが気になる子供がいる時は，目隠しが必須です。音に敏感な子供と，大きな音をたてる子供がいる教室には，音を小さくする工夫も必要です。こういう工夫は始業式前に完成しておきましょう。新たな工夫に子供は敏感です。「なんで？　ぼくは大きい音が好きなんだよな。」あなたは，この子供が納得する答えをもち合わせていますか？

　以前は，ステキな布で簡易カーテンを作ったこともありました。最近は100円ショップで写真2のようにカラーボックス用のカーテンを購入してい

写真1
手の届きやすい
高さに

写真2
100円ショップ
の商品はシンプ
ルで使いやすい

写真3
感染症対策も
100円ショップで
バッチリ！

写真4
始業式
担任先生の力作
がお出迎え

ます。安いからだけではありません。壊れても，壊しても，誰も傷つかない
ように。目隠し＝支援を取り除ける日がくるかもしれないからです。

　感染症対策として，ものの共用を避けるために個々の時間割のコマを準備
するのにも，「100円ショップ」が役に立ちました（写真3）。

　教室環境の準備は，元手をかけずに簡単に済ませられる工夫をしましょう。

ワクワクするようなスタートを

　「新しいスタートだ！」という意気込みを子供がもてるように，「ワクワ
ク」「ドキドキ」するような仕掛けをしておきましょう。始業式の朝，担任
の先生からのメッセージにコメントし合っている子供の姿を見ると，楽しい
1年になる予感がします（写真4）。

交流学級の確認も忘れずに

　机，椅子，ロッカー，下駄箱ラベル……交流学級と協力して準備しましょう。

5 始業式前日までの担任実務 チェックリスト　小学校

新学期に向けた業務を滞りなく進めるとともに，教室の準備を整え，担任として心にゆとりと期待感をもって子供たちを迎えていきます。

（中嶋　秀一）

忙しい中にも，目配り心配りを

《心構えその１》出会いを大切に

　受けもつのはどんな子供たちでしょう？　子供は，発達段階や障がい特性だけでなく，家庭環境からも，友達や先生からも影響を受け，様々な様子を見せます。初対面からの数日間は，子供との信頼関係づくりや子供理解の大切な時です。心にゆとりをもち，あたたかく子供たちを迎えたいものです。

《心構えその２》仕事はクラスのことだけではない！

　子供と向き合い，支援と指導を行うのが大切な教師の仕事です。しかし，学級事務や校内の分掌も欠くことのできない教師の業務です。特に学級事務では特別支援学級ならではの業務や必要な打ち合わせがあります。

《心構えその３》コミュニケーションを大切に！

　特別支援教育は学級担任だけでは進められません。保護者や他の教職員との連携，理解と協力し合う関係が大切です。仕事に取り組みながらも，話しやすい人を見つけて，支え合うチームの関係を少しずつ広げていきましょう。

年度当初の ToDo リスト（始業式前日まで編）

【教室準備】

〈作るもの〉

□児童名簿（学級種別）

□児童名簿（学年別）

□各種名前シール

□朝の会ボード

□数字プレート

□教科名プレート

□学級通信掲示コーナー

□学級通信
　（学習予定，着任挨拶）

□各種掲示物

〈備品点検，移動作業〉

□児童机・椅子のサイズ
　と数の確認

□交流学級の机・椅子の
　サイズと数の確認

□消耗品の交換・補充
　（電池，マーカー等）

□ICT 機器の動作確認
　（ケーブルの接触等）

□教材等の点検・整頓

□安全点検・清掃

【学級事務】

□児童の引継ぎ

□学級の年間指導計画作
　成（学校行事，校外学
　習，交流及び共同学習
　の日程確認と調整）

□業務分担
　（複数担任の場合）

□教科用図書の確認
　（種類と冊数の確認）

※教科書担当者と連携

□教材採択

※学級で使用する教材＋
　交流及び共同学習で必
　要な教材を採択，発注。

□4月第1〜2週の計画
　（授業の予定と内容）

□新入生や転入生がいる
　場合は，必要な手続き
　を学籍担当者と確認！

□入学式が同日の場合は，
　配付物や当日の動き等
　の詳細の確認を！

【始めておくこと】

□当面の授業準備
　（引継ぎ情報をもと
　に）

□個別の教育支援計画
　作成

※4月中をめどに保護
　者の困りや願いをア
　ンケートで把握。

□個別の指導計画作成

※5月には保護者と共
　有できるように準備。

□4月学級行事の計画
　（計画案と準備作業）

□交流及び共同学習の
　推進計画（交流学級
　の決定。交流の具体
　的な内容を交流学級
　の担任と確認する。
　朝の会？給食？行事
　や教科学習はどれに
　参加？）

　様々な業務を同時に進めていきます。日数が少ない中で分掌の業務もあり混乱しがち。チェックリストを作り，効率よく仕事ができるようにします。

自分の分担を進めながら，他の先生，他の学年へも目配り，気配りをしましょう。

（塩原　亜紀）

通常の学級の動向を確認しながら仕事を進めよう

　年度はじめ業務を，いつまでに何をすべきかわかるように，資料1のような「業務一覧」を作成している学年が多いのではないでしょうか。通常の学級と大きく違う点はないかと思います。少し違うとしたら，実は，前年度末のうちから，次年度を見越した担任実務が始まっているところかと思います。

　資料1の点線枠で囲んだ部分は通常の学級の学年と「協力」して動くところです。チェックリストの欄外に記載してあるように，特別支援学級内で担当学年を決めている学校が多いと思います。

　年度はじめはどの学年も手が足りません。子供の机や椅子の移動，新年度オリエンテーションの準備へまぜてもらいましょう。「お手伝いします」「混ぜてください」と，作業や打合せに参加することで得られるものはたくさんあります。年度はじめの子供の動きや，学年の経営方針（目指す子供像）がわかり，特別支援学級のスタート準備，特別支援学級生徒の目標設定にも役立ちます。

　ぜひ，声をかけてみましょう。

資料1　年度はじめ学級業務一覧

年度はじめ学級業務一覧

項目	内　　　　容	期限	担当者
名簿	□クラス名簿作成（クラス・学年一覧・公簿用名簿）	3/31	・A
	□始業式張り出し用クラス名簿作成（A3）	4/7	・B
	□クラスごとの仕分け（A票・B票・要録・保健関係）	4/1	・全員
学年作成物	□ラベル作成（椅子・ロッカー・机）	4/6	・C
	□出席簿作成（ハンコ押印＝公簿用で！）	4/4	・A
	□健康観察簿作成（ハンコ押印）	4/4	・A
	□要録名列票作成（ハンコ押印＝公簿用で！）	4/4	・A
	□事務用品のとりまとめと注文	4/1	・C
	□各学年の年度はじめ必需品注文	3/31	・A
教室掲示物	＊ラミネート	すべて	・C
	□日課表③		・B
	□生活目標③		
	□生活のきまり③	4/6	
	□学校に保管してよい教材・資料一覧③		
	□委員会一覧②		
	□部活動一覧②		
	□校外地区班一覧②		
	□給食時間の流れ①		
	□給食の心得10箇条①		
	□自転車置き場②		

＊ポケットづくり
□給食当番表③
□献立表③
□給食だより③
□保健だより③

項目	内容	期限	担当者
教室環境	□机・椅子の確認　5組7セット　6組5セット　7組5セット		・全員
	□学級環境整備		
	机・椅子移動（4月になったら全学年一斉）		
	□教科書・副教材確認		
	□自転車ステッカー確認		
その他	□時間割作成	4/6	・B A ・C D
	□教育課程研修会…4／6（水）午後		
	戻ってきて、C先生が伝達講習する。		
	それから、役割分担します。		
	□配慮生徒入力	3/31	・担任
	□4／4（月）のお弁当注文＝B		
	□4／5（火）の昼食会場＝B		

◇主な学年分掌
　・5組担任：B　・6組担任：C（E）・7組担任：D（F）
　・1学年＝B　　・2学年＝D　　・3年＝C
　・学体連＝C　　・会計＝D　　・教科書＝A　　・教育支援＝A
　・手をつなぐ親の会＝D　　　　・市振興会＝A

教室環境

　資料1の項目を見ると，全てが「教室環境」に関係することです。始業式までの担任の先生の最優先業務は「教室環境」を整えることです。そのためにも「学年作成物」「教室掲示物」が早く仕上がるよう，他の先生方と協力しましょう。

7 新学期に向けての書類・実務 小学校

障害の種類や特性，特別支援学級の教育課程，提出が必要な文書など，子供の支援・指導のための知識を得て，スムーズに学級経営を行っていきます。

（中嶋　秀一）

特別支援学級の教育課程について知っておこう

❶基本的な概要を知っておく

　特別支援学級では，知的な遅れの程度や発達障害の特性など，実態に応じた教育課程の編成（年間指導計画の作成）を行います。

- 教科の目標や授業内容を，下学年や特別支援学校のものから選定できます。子供に合わせて学ぶことを選べるのです。（教科書も同様です。）
- 教科ごとの時数を柔軟に運用できる。（外国語を2週に1回，など）
- 『自立活動』の指導を必ず取り入れる。

　他にも，交流及び共同学習を実施してインクルーシブ教育を推進する必要があります。特別支援教育に求められていることが想像以上にあるのです。

❷読んで，調べて，知っておくべきこと！（検索可能）

- 各教育委員会が作成した，最新の『教育課程編成の手引き』。
- 特別支援学校学習指導要領と特別支援学校学習指導要領解説『自立活動編』。
- 前年度に学級で作成された指導計画や資料，各種文書データ（校務PC）。
- 障害の種類を知り，特性や対応方法の基本を知っておく！
  ⇒次ページの【参考図書】

年度当初の ToDo リスト（書類，実務編）

❶教育委員会に提出するもの　＊必ず教務主任や管理職との確認を！

□教育課程編成届（4月）　＊作成担当者，提出〆切りを確認！

　【時数について】各教科の時数＋『合わせた指導』＋『自立活動』の総計は当該学年の総授業時数に合わせます。　＊『教育課程編成の手引き』参照。

　【自立活動について】特別支援学校学習指導要領解説『自立活動編』をしっかり読んで理解します。障害によるつまずきや困りを子供自身が乗り越えられるよう教育的支援・指導を行うことが『自立活動』の原則です。必須です。

　【合わせた指導について】詳細は『教育課程編成の手引き』や国立特別支援教育総合研究所の HP「すけっと（Sukett）」を参考にしてください。

□教科用図書給与児童名簿（4月）　＊作成担当者，提出〆切りを確認！

　過去に給与されたものと重複していないか確認します。

□就学援助実態調査（6月）

□特別支援学級実態調査票（7月）

□児童・生徒数調査票（7月）

以下は学級内の業務です。

□業務分担，教科指導の分担（複数担任の場合）　　□学級通信　　□時間割

□子供の個別プロフィール作成（通常の学級担任に伝える実態，配慮事項）

□特別支援学級運営計画　　□年間指導計画の作成

□校外学習の計画（施設予約，校内の届出）

□交流及び共同学習推進計画（内容は話し合い後で可）

【参考図書】
・鳥居深雪著『改訂 脳からわかる発達障害』中央法規出版
・中井昭夫他著『イラストでわかる DCD の子どものサポートガイド』合同出版
・米澤好史著『愛着障害・愛着の問題を抱えるこどもをどう理解し，どう支援するか？』福村出版
・杉山登志郎著『子ども虐待という第四の発達障害』学研プラス

8 新学期に向けての書類・実務 中学校

学級開きのワークシート作成は「私がやります」と引き受けてみましょう。引き受けることで，特別支援学級の実務がわかります。

（塩原　亜紀）

学級のことを職員会議で周知

年度はじめの職員会議で，以下のことを先生方へお知らせしています。

①学級ごとの人員構成

②４月を迎えるにあたって…通常の学級の先生方へお願い

　(1)実務的なこと　　　(2)交流および共同学習について

③始業式の特別支援学級の子供の動き

④入学式の特別支援学級の子供の動き

⑤行事などの参加について

そして，次のことは，必ず記載し，口頭でも確認しています。

　特別支援学級の子供も「クラスの仲間だ」という意識が育つように，話題にとりあげてくださると嬉しいです。先生方からの声かけも子供たちが喜びます。

子供や保護者のニーズを把握するワークシートを準備

「個別の教育支援計画」作成のために，保護者へ資料１のような確認をし

資料1　保護者のニーズ確認

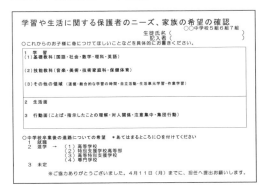

資料2　「生活のきまり」はスライド
　　　　で説明すると見てわかる

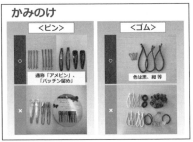

ています。また，子供本人の願いを把握するために，年度はじめの学級掲示
物やワークシートを活用しています。新しく担任になった先生のワークシー
トは子供たちの日にも新鮮で，気持ちが新たになると思います。

オリエンテーション資料の作成

　通常の学級では学級開きの学活のために，年度はじめのオリエンテーショ
ン資料を作成しています。私は，子供の実態に応じて，通常の学級の資料に
「ふりがなをつける」「必要な部分のみとする」「図を入れる」等のアレンジ
をして活用しています。

　「生活のきまり」などを説明する時は，資料2のようなスライドを用意し
ておくと，見て理解する子供にとって有効なだけでなく，掲示物としても活
用できます。

　生活単元帳やスライド作成は，子供のためだけでなく，きっとあなたのた
めにもなるはずです。一部分でもよいので挑戦してみてください。

第2章

4月
新年度はじめ1週間の
指導必須ポイント

新年度はじめ1週間の指導の成否が，その後
の学級経営に大きく影響を及ぼします。

1 1日目
始業式・入学式の指導

1日目に，どの子も安心感を味わい，「明日から特別支援学級での生活が楽しみ」
と思えるようなしかけを準備します。

(喜多 好一)

　新学期の始業式そして入学式は，特別支援学級の子供たちにとって，心が
躍る気持ちでその日を迎える子も多い反面，健常の子供たち以上に，新たな
環境への強い不安を抱き，緊張してしまう子もいます。特に入学する子や進
学する子にとっては，見通しがもてない学校生活に心が落ち着かず，登校を
渋ってしてしまう子もいます。そのような特別支援学級の子供たちの不安を
安心に変え，学校が楽しいと感じられる1週間にするための取組について紹
介します（なお，小学校を想定した事例です）。

登校から始業式前までのポイント

　登校初日，全校の子供たちがいつもと違う様子を見て不安になっている特
別支援学級の子を，一人一人正門や玄関で迎えましょう。進級した子の出席
を確認した後，始業式が行われる校庭あるいは体育館の整列場所に誘導しま
す。可能であれば，整列前に一度，教室に入って机に座るなどのルーティン
をしてみると安心できます。

　同じ時間帯に職員室で新任あるいは転任の教職員との顔合わせをすること
がありますので，継続して特別支援学級担任をしている教師が子供の誘導や
管理をするよう割り振っておくようにします。

始業式でのポイント

　始業式では，全校の子供たちと共に列に並び，校長講話を聞いた後，担任発表が行われます。担任発表では，校長から名前を呼ばれたら大きな声で返事をして子供たちの前に立つようにします。特別支援学級の担任として新たに着任した教師は，特別支援学級の子供も含め，全校の子供たちに対して，印象に残る自己紹介等を交えた挨拶を心がけます。最初の印象が肝心ですので，子供たちから注がれる興味津々の視線に，笑顔で応えましょう。必要に応じて，他の教師は，担任紹介を聞いている子供の側について，新しい担任に注目できるよう声かけをしていくとよいでしょう。

始業式後の学級指導のポイント

　始業式後は，教室に戻らず校庭で学級指導をし，昇降口の下足箱の場所や教室の場所を確認し，担任からの簡単な自己紹介や明日の予定について等を短時間で話し，下校させることが多いと思います。特別支援学級の子供たちも同様の流れで指導を行うことになります。

　校庭での学級指導は，子供と担任との出会いの時であることからも大事に扱うことが大切です。次のような出会いの演出をするとよいでしょう。

○新たに担任になった教師が自己紹介をする際は，名前を覚えてもらうために，自分の名前をひらがなや漢字で書いた短冊を見せながら話す。
○子供たちの関心を高めるために，子供たちの好きな事柄等をリサーチしておいて，自己紹介に盛り込むようにする。
○担任と子供が1年間，互いに「よろしくお願いします」と挨拶を交わす際，一人一人と握手をする。
○担任として，これからの1年間で，子供たちと共にどのような学級をつくっていきたいか，どのような子に育ってほしいかを子供たちにわかり

やすい表現，内容で伝える。

○長々と話をしても，周りが騒がしく集中力が続かないため，キーワードあるいは行動目標として伝える等，工夫する。

　例えば，困った友達に手を差し伸べられる学級にしたければ，「だいじょうぶ」の言葉を強調しながら，「どうしたの？大丈夫？困っていることはない？」と言える子になってほしいと伝える。

　特別支援学級の子供の障害特性から，新たな行動を身につけたり，忘れてしまった行動を思い出させたりするには，実際に行動してみたり，何度も繰り返したりすることが有効です。校内事情が許せば，始業式後の学級指導等は，校庭ではなく教室で行えるほうが指導の効果が上がります。

　昇降口の下足箱のどこに自分の靴を入れるのか，上履きを履き替えた後の教室までの移動はどこを歩くのか，教室はどこなのか等，昇降口から入って教室までの動線を一緒に一つ一つ確認できるとよいでしょう。

　明日に向けた事前指導として，明日の持ち物を言葉と実物，絵カード等により確認をします。

入学式でのポイント

　特別支援学級の新1年生とその保護者にとっても，入学式は大きな節目であることから，よりよい思い出の日にしなければならなりません。しかし，特別支援学級の新1年生にとって，入学式を円滑に終えるためには，超えなければならないハードルがいくつもあります。着慣れていないシャツや真新しい靴を履いてはじめての通学路を通っての登校，見通しがもてない入学式への不安，知らないたくさんの保護者や教師，静かに長時間の着席を強いられる式の雰囲気など，適応を阻む要素がたくさんあります。

　担任としては，そのような子供の不安な気持ちに寄り添いながら，事前にその不安を一つ一つ解消する手立てを講じるとともに，不測の事態への対応

を準備しておくことが最も重要です。

　例えば，入学式の受付の後に教室に入る際，母子分離が難しければ，一緒に教室までついて来てもらうようにします。入学式での特別支援学級の子供たちの座席は，教師側にして，不測の事態に備えるようにします。必要であれば子供の横に教師か保護者が座ります。入学式自体に強い不安のある子供には，可能であれば，前日までに式場の様子を実際に見たり，リハーサルをしたりできる機会を設定しておくとよいでしょう。

　入学式においても始業式同様に担任発表があります。新1年生にとってはじめての先生，担任ですので，校長の呼名には大きな声で返事をして立ち，笑顔で子供の前に立つことを心がけます。

　入学式後は，体育館での記念撮影までは教室での学級指導があります。ここでのポイントは，次の五つです。

○1年生が過ごす教室の黒板には，特別支援学級の新6年生も含めて上級
　生が歓迎の言葉や絵を色とりどりに書いておくとよいです。
○まずは，入学式に立派に参加できたことを大いにほめます。
○担任の自己紹介では，できるだけ視覚に訴える工夫をします。
○一人一人名前を呼びながら，学級担任全員が今日の日を心待ちにしてい
　たことを伝えます。
○保護者に対しては，子供の成長を願い，共に教育にあたっていくことを
　誠実に伝えます。

　この日は，担任と保護者との出会いの日でもありますので，下校するまでの時間を使って，一人一人に積極的に話しかけ，関係を築く努力をしましょう。第一印象がとても大切です。明るい笑顔を心がけましょう。

2日目
朝の生活の確認と出会いの演出

2日目は，学級での1日の流れを確認して今後につながるよい出会いを演出し，学級の仲間づくりをスムーズにスタートさせます。

(喜多　好一)

朝の生活の確認

　新学期はじめの一週間程度は，登校から朝の会を始めるまでの流れを，子供自身が理解して，自主的に動けるようにすることが最も重要です。そのために，担任として，子供一人一人の登校等の状況を正しく把握したうえで，指導や配慮すべき課題を明確にします。特に登校の様子，朝の挨拶，靴の履き替え，ランドセル等の整理，朝の会については，重点的に指導，支援していく必要があります。

❶登校から教室に入るまで

　登下校に関しては，特別支援学級に通う子供は，一人登下校が原則です。ただし，新1年生や転入生については，安全に時間内に一人で登下校ができるかどうかがわかりませんので，家庭と連携して確認をします。登校班がある場合，同じ登校班の異学年の子供たちとの関係性を確認しておきます。班の子供たちに，特別支援学級の子供の様子やサポートの有無，困っていることなどを聞き取りして指導に生かします。登下校をする際は，道路沿いに興味のあるものがあるとつい寄り道をしてしまう子もいますので注意します。

❷靴の履き替え指導

校舎内に入り，下駄箱で靴の履き替えをする際の指導のポイントは，次の通りです。

○**立って上履きに履き替える**。

○下足を自分の指定された場所に，**かかとを揃えて**置く。

○雨天時に傘をさしてきたら，**丸めて結び**，自分の傘立ての場所にさす。

❸教室内にいる際の指導

○下駄箱から教室までを**寄り道をせずに**歩く。

○入室後，ランドセルを下ろしく教科書等を出し，**机の道具箱に整えて入れる**。

○ランドセルや大きな荷物をロッカーに**向きを揃えて**入れる。

○連絡帳や提出物は，**指定された場所に向きを揃えて**置く。

○朝の当番活動を**自主的に**行う。

太字部分の指導内容や方法を考える際は，大人の支援が必要なレベルから自立しているレベルまで，個々の段階に応じて支援を検討していきますが，視覚支援が有効な子供たちが多いことから，ユニバーサルデザインの考え方を取り入れ，構造化の手法を取り入れて環境整備をすると効果的です。

❹場の構造化（視覚化）

靴の揃え方や傘のたたみ方，道具箱の中身の揃え方，ロッカーの片づけ方，提出物の場所等の指導の際は，場の構造化として，身につけてほしい手本や模範となる絵や写真を，下足箱や傘立て，学習用机，ロッカーなどの近くに掲示しておき，すぐに正しい行動を確認できるようにしておきます。

❺朝の会までの過ごし方への配慮

　朝の仕度が素早くできてしまう子供の中には，朝の会まで隙間の時間をもて余してしまい，友達とのトラブル等の生活指導上の問題が発生することがあります。そのような事態を避け，朝の会には全員が心を落ち着けて臨めるようにするために，事前に朝の支度が終わった後の過ごし方を学級あるいは個々に決めて指導しておくことが大切です。

　GIGA スクール構想により，１人１台タブレット端末が整備され，特別支援学級の子供たちの生活で日常的に活用できるようになったことを生かす工夫もします。例えば，タブレットによる健康観察，国語や算数の朝学習などは，容易に導入できると思います。

　また，自分の朝の生活習慣の定着を図るには，はじめは担任の丁寧な指導や支援が必要ですが，スモールステップで支援等の量を減らしていき，子供が自主的に行動に移せるようにしていくことが肝要です。朝の支度の定着に時間がかかりそうな新１年生や低学年には，特別支援学級のメリットである異学年集団のよさを生かして，高学年の手伝いを意図的に設けるのも効果的です。

出会いの演出

❶朝の会の指導のポイント

　最初の朝の会であるため，在籍している子供の数にもよりますが，できるだけ新１年生等を含めた全員で行います。朝の会の流れは，２年生以上の子供にとって慣れている前年度までの仕方をもとにして指導します。朝の会の指導のポイントは次の通りです。

①全員の子供たちが黒板に向かって，**正しく椅子に座り**ます。

②新１年生はできるだけ前面，真ん中に着席し，**両脇にお世話をする高学年等が座り**ます。

③会の最初に新１年生を一人一人紹介します。自己紹介ができれば，子供自

身が名前を伝えたり，質問コーナーを設けたりします。自己紹介が難しければ，教師が代弁等をします。

④新しい担任も含めた教職員，在校生が自己紹介します。

⑤1日の予定を絵や写真カード等で確認をします。

⑥それぞれの1日のめあてを決めて発表します。

⑦日課表等の書く活動はなくし，歌を歌ったり，「ふれあいタイム」を設けたりします。

　正しく椅子に座るためには，座った時に両足が着くことが基本ですので，事前に高さを調整しておきます。高学年が下級生に親切にする場面を設けることで，新1年生との関係ができます。新1年生にとっても頼りがいのある高学年とされ，支持的な学級づくりの一歩となります。

　3日目以降の朝の会で，出席を取りますので，返事の仕方，健康状態の報告等の仕方についても事前指導をして，練習しておくのもよいです。

　朝の仕度の手順は，構造化を取り入れて，小黒板に箇条書きで順に書いて掲示しておくとよいでしょう。

❷「歌」の指導のポイント

　通常の学級では，朝の会で今月の詩文を音読したり，今月の歌を歌ったりすることを取り入れる学級があります。声を出すことは，声量を高めることにつながるとともに，朝の活力アップにもなります。特別支援学級の子供たちにとっても，朝の会に声を出す機会を設けることは効果があります。歌は子供たちになじみのある選曲がポイントです。できれば音楽の授業でも取り入れて練習をしておくとよいでしょう。

❸「ふれあいタイム」の指導のポイント

　「ふれあいタイム」では，子供同士，子供と教職員が一緒に楽しくスキンシップを図り，互いに慣れることに重きをおきます。そのためにも音楽に合わせて握手をする，ハイタッチをする，手をつないで歩く，走る等ができる

踊りやゲーム，簡単なリトミックなどを行うとよいです。

　新1年生がいる場合は，理解がしやすく動きが単純な歌詞でリズムのある曲でゲーム選びができるようにするとよいでしょう。ふれあう場所は，最初，普段使う教室で行いながら，慣れてきたところでプレイルーム等の少し広い場所にしていくとよいです。体育館や校庭などの広い場所は，開放感がありすぎて触れ合いに集中できない場合が多いので避けます。

　自閉症や自閉的傾向のある子供の中には，感覚過敏な子が多く，人との触れ合いを極端にいやがる子も多いです。その場合は，触ったり，触られたりする活動を強要はせずに，接触しなくてもよいことを事前に確認します。このふれあい活動により，まだ人とのかかわり方に関する特性がわからない新1年生や転入生の実態を把握する絶好の機会にもなります。

仲間づくりのポイント

　学級の仲間づくりで最初に大切にしたいポイントは，互いの顔と名前を一致できるようにすることです。相手を認識し，名前で呼び合う経験を通して，互いのよさや特徴を知ります。相手を知ることが友達としての関係づくりの第一歩となります。

　はじめての朝の会の後には，日常生活の指導として，新しい友達や先生の名前を顔写真や名前カードにして，名前当てクイズをしたり，カード合わせゲームをしたりすると楽しく覚えることができます。例えば，撮影した写真を実物投影機でスクリーンに写したり，電子黒板やテレビ等にランダムに写したりして「誰でしょうクイズ」大会をするとよいでしょう。

　いずれにしても，これまで在籍している子供たちに新しい仲間の名前と顔を知ってもらう活動を創意工夫することです。これらの仲間づくり活動は，3日目以降も継続して，1日1単位時間程度設けると定着が図れます。仲間意識をもたせることで，どの子にとっても学級が安心して過ごせる場所になっていきます。

3日目
生活の流れづくり

　3日目からは，学級として，朝の会から帰りの会までの基本的な1日の生活の流れの定着を図ることを目指して指導します。

（喜多　好一）

❶1日の生活の流れを確認する

　3月まで行ってきた1日のスケジュール表をもとにしながら，朝の会時に子供たち全員と確認する活動を行います。確認する際は，座っている子供の目線の高さに合うキャスター式のホワイトボードに1日のスケジュールを時間ごとに活動や内容を記して確認をすると効果的です。

　スケジュール表は，子供の文字の読み書きや数の理解，時計の読み取りなどの実態に合わせたものを作成しましょう。記載する内容は，月日，天気，日直，時間割と活動内容，交流内容，給食メニューなどが考えられます。

　表記は，ひらがなやふりがなつきの漢字を使ったり，時計はアナログ時計やデジタル時計で○時○分を記したりします。文字を習得していない子供が在籍している場合は，絵カードや写真カードを用意して貼りつけるなど，配慮が必要です。1日の流れが確認できたら，活動が終わるごとにスケジュール表に注目させ，何をどこで何時までにするのかを一つ一つ確認していきます。その際，注意しなければならないこと

もつけ加えながら，担任や支援員の役割を再確認しておくことは，事故やトラブルの未然防止をするうえで重要です。

　通常の学級での交流及び共同学習の計画がすでに決定している場合は，時間割の横に交流に行く「学年組・教科・場所，名前」を別に記します。

❷休み時間の指導のポイント

　休み時間は，学級内の子供たち同士，そして通常の学級の子供たちと一緒になって遊び，楽しいかかわりがもてる時間にしていきましょう。高学年の子供たちは，進級して間もなくても交流学年の子供と一緒に遊べますが，できればこの時期は交流学級も学級での友達づくりの時期であるため避けて，特別支援学級の子供たちと遊ぶ時間とします。

　遊ぶ場所は，校庭，体育館，雨天時の教室等が考えられますが，まずは校庭で全員が走り回れる鬼ごっこなど簡単なルールでできる遊びから始めるとよいです。新１年生がいることを考え，しっぽ取り，手つなぎ鬼など，視覚的に鬼を認識しやすい工夫をしたり，友達と触れ合うような工夫を取り入れたりするのも楽しめます。新１年生には，安全管理と暑さ対策を兼ねて，黄色い帽子をかぶらせておくと支援が容易になります。

　子供たちの遊びには，担任も支援員等もぜひ一緒になって楽しみます。子供と共に汗を流して，共に楽しみ，笑い合うことで，子供との関係を深めることにつながります。

❸手洗い，トイレ指導のポイント

　休み時間終了５分前には声かけをして教室に戻るように促し，３時間目の授業に備えさせます。なかなか遊びがやめられない子供がいるかもしれませ

んが，5分前行動の習慣化を目指します。そのためにも，遊びながら事前の予告をしておき，自らけじめをつけた行動ができるようにしていきます。

また，休み時間後は，手洗いと汗の始末，トイレを一人でできるようにします。特に1日の学校生活の中で，手洗いやトイレをする場面は，休み時間後，給食前，体育の授業後等，子供によって差はありますが，3回以上あります。特別支援学級の子供には，衛生面での自立を考えた時に確実に身につけさせたい基本的生活習慣ですので，障害の程度の軽重にかかわらず指導を徹底していきましょう。

手を洗う指導のポイントは，まずは習慣化を図ることにありますが，手洗いのスキルである，指先まで丁寧にこすって洗うこと，自分のハンカチを常備して丁寧に拭くことを押さえます。ハンカチを持ち歩くことは，家庭の協力が不可欠ですので，日々の連携が大切になります。

手洗いの指導は，年度はじめであることから，1単位時間を使って日常生活の指導の題材として取り上げます。例えば，養護教諭の協力を得ながら，手洗いの必要性を実感させるために，手についたバイ菌を見ることができる機器などを活用して視覚的に訴える授業を展開したり，「手洗いの歌」とともに正しい手洗いの仕方を身につけさせたりして指導を行います。

トイレの指導のポイントは，男子の小便であればズボンを全て下ろさずに，便器を汚さないで用をたすようにすることです。便器の使い方についても含めて，男女共に日常生活の指導として扱い指導しますが，プライベートゾーンの指導も必要ですので，保健指導と合わせて行うと効果的です。

❹給食指導のポイント

特別支援学級の子供にとって給食指導は，通常の学級の子供たち以上に丁寧に指導をする必要があります。その理由としては，給食指導をする内容が数多いからです。給食着の着用，机ふき，盛りつけ，配膳，バランスのよい食事の仕方，箸やスプーン等を正しく使う方法，食事のマナー等があり，どれも確実に定着を図りたい内容です。また，給食当番活動を自主的にできる

ようにすることも大切です。

　新年度，最初の給食では，まず配膳にかかわる一連の流れを高学年の子供が担任等の支援を得ながら下級生に手本を示します。そのうえで，次の日から個々の実態に応じて支援していきます。食事の仕方に関しては，個々の実態に差があるため，個別指導を中心にしながら，学級全体にかかわる課題は日常生活の指導として取り上げていくとよいです。食事をしている際は，新１年生等の新入生が実際の様子を見て，食べる量，好き嫌い，食べるスピード，箸やスプーンの扱い方などをこまめに観察して，事前に得た情報と照らし合わせながら，指導内容の見直しを図ります。

　なお，近年，感染症対策を講じ給食指導の在り方や食物アレルギー対応の配膳への配慮が必要になっています。十分な知識をもって，子供たちの安全でおいしい給食の提供を図っていきましょう。また，交流学級での給食がスタートする子供がいる場合は，楽しく話しながら給食がとれるよう，担任がつき添いをし，安心できる環境をつくります。

❺清掃指導のポイント

　清掃の時間が始まると，特別支援学級が清掃する場所が分担されます。しかし，清掃初日であることから，これまで学級に在籍している子供も含め，改めて清掃の仕方を一つ一つ丁寧に指導します。特に教室内の掃除に関しては，手順を絵カード等で黒板等に示し，ほうきやちりとり，ぞうきんの使い方，ゴミの片づけ方，机や椅子の持ち運び方等を徹底します。学級全体として十分に身についていない課題は，日常生活の指導内容として取り上げて指導もしていきます。

　交流する学級の子供たちと一緒に清掃をする場合は，その清掃場所まで担任が共について行って確認します。交流給食同様に，子供だけでいきなり向かわせるのは，交流のねらいが達成できませんので避けましょう。

❻帰りの会の指導ポイント

　特別支援学級の帰りの会では，1日を振り返った日課表を書くことがあります。1日のスケジュール表をもとにして，子供が一人で日課表を書けるよう支援します。その際，日課表には，朝の会で決めた個々のめあてにそって，達成度を◎○▲あるいは点数等で自己評価できるスペースを用意しておくとよいです。日課表には，担任と保護者からのコメントが記載されます。

　担任からのコメントには，マイナス面があったとしても，学校としての取組や期待を込めて記載をするようにします。明日の持ち物の記載もあり，書き終えたら確実に教師が確認をします。配付物がある場合は，紛失を避けるために，ジッパーつきの透明な袋に小分けするなどの工夫があるとよいでしょう。

❼下校指導のポイント

　下校班はほとんどの学校でありませんので，特別支援学級の子供たちは，原則一人で下校することとなります。まっすぐ寄り道をしないで帰宅すること，交通事故や防災に注意することなどを確認したうえで，保護者に示した下校時刻に遅れないよう学校から送り出します。同じ通学路で下校する子が複数いる場合は，できるだけ一緒に下校できるよう声をかけます。下校に不安な子については，保護者に途中から見守ってもらう等，個々に応じた配慮をしていきます。はじめての下校となる新1年生は，保護者のお迎えを依頼することも検討します。

4　4日目　学級での居場所づくりと交流活動

4日目になると，学級の友達や先生との生活に少しずつ慣れてきます。学級が居心地のよい場所になるよう指導します。また，交流活動に備えます。

（喜多　好一）

❶教室の掲示物作りのポイント

　新年度を迎えた教室は，迎える子供たちが迷いなく，安全に過ごせるよう事前に十分に考えて整えておくとよいでしょう。しかし，掲示物に目を向けると最小限の物だけが貼られているだけだと思います。子供たちにとって自分たちの教室空間になるよう壁面掲示を工夫していく必要があります。

　その最初の活動として行いたいのは，子供の自己紹介カード作りです。障害の特性上，友達への関心が薄い子供たちが多いため，まずは自分をアピールする似顔絵を描いたり，好きな物，スポーツ，得意なこと，家族の紹介等を，文章や絵で一枚の紙にまとめさせたりして，互いに見合う学習です。なお，教室の黒板周りの掲示は，集中力を阻害することがありますので，ユニバーサルデザインの観点から何も掲示しない配慮をします。

　その学習で作成した自己紹介資料をカメラに撮ってタブレットに取り入れ，子供がコメントをつけてデータ化します。できあがった資料を印刷した紙は，そのまま学級内外の壁面に掲示します。また，データを自己紹介カードにしてラミネートをすれば，交流する子供たちや校内の教職員に対して理解を促すツールとなりますので，活用の幅は広がります。

　また，合わせて行いたいのは，通常の低学年の学級でよく行われている，誕生日列車を作成して掲示することです。自分と同じ月に生まれた友達とし

ての意識が増し，より一層親近感がわきます。月ごとの誕生日のお祝いイベントにもつながります。

　これ以外にも，子供一人一人の1年間のめあて，学級目標，個別の作品，係活動や当番活動，行事ごとの活動写真などを，常時掲示するコーナーを設けていきます。常設の掲示コーナーと定期的に変更していくコーナーとを分けて掲示し，子供にとって親しみやすい壁面にしていくとよいでしょう。

　現在，全国の小中高等学校では，継続して自らの成長の足跡をポートフォリオ形式でファイルにしていく「キャリア・パスポート」の取組が行われています。特別支援学級においてもキャリア・パスポートを意識して，学期や行事ごとに，個々のめあてや取組，振り返りを記載します。キャリア・パスポートを常設掲示として取り扱っていくこともよいでしょう。

❷居場所づくりのポイント

　学級の中に自分自身の居場所があることで，安心して集団生活が送れます。そのためにも，一人一人に役割が与えられ，学級に役に立っている実感を得ることが重要です。学級のため，みんなのために行う仕事を全うすることで，周りから必要とされる存在となります。その存在感を得るための活動として毎日の当番活動があります。例えば，日直，掃除，給食，配付，黒板，生き物などの当番があります。どれも一人あるいは友達と協力しながら，責任をもってやらなければならない仕事です。

　4日目は，その当番活動の紹介と誰が担うかを決めて，実際に練習をする日となります。指導する際のポイントは，それぞれの当番の手順を記したカードの掲示をすること，当番活動が主に輪番制であることからどの子が何をするのか一目でわかる掲示物を作成することです。特別支援学級は手厚い指導ができることから，「一人一当番」以上にして取り組ませるよう配慮したいです。

　当番活動を継続させるコツは，教師から即時評価したり，帰りの会などで友達と相互評価したりすることです。特に，担任から頑張ったことを強調し，

その意義や価値を周りの子に知らせることを心がけるとよいでしょう。

　また，当番活動の意欲を高める工夫として，大人と必ずかかわる活動にすることも有効です。例えば，配り当番では，職員室に行って配付物を持ってくる際，必ず職員室で先生に声をかける，紙などを事務室の主事に依頼する等，事前に学級のどの子がどのような動きをするのか，どのような声かけをしてもらいたいのかをお願いしておきます。

　学級のために行う活動として，当番活動の他に，係活動もあります。係の活動の内容，ネーミングも含め，創造的な活動であるため，後日，話し合う機会をもつ配慮をしていきます。

❸交流学級での指導のポイント

　学校によっては，交流学級での交流及び共同学習を，年度当初の５日間以内にスタートさせている学級があります。一方，一週間程度あるいは一か月程度の準備期間を設けて始める学級等があります。それぞれ事情が異なりますが，ここでは，交流及び交流学習をこの時期から始めることになっている学級を想定して，指導のポイントについて押さえます。

　交流及び共同学習への参加の仕方は，子供一人一人の状態や教育的ニーズによって違いがあります。例えば，交流する通常の学級の朝の会や帰りの会のみに参加する子，図工や体育，音楽等の一部の教科に参加する子，給食や掃除を一緒に行う子，学年行事のみ参加する子，多くの時間を交流学級で過ごす子など，いろいろなケースがあります。実施にあたり，一番気をつけなければならないことは，環境の変化への配慮です。子供によっては，進級により交流する場所が変わったり，交流する学級集団が新たになったりすることで，過度の緊張を強いられるケースがあります。そのような子供が，交流から戻って来た時にストレスフルにならないよう，また，イライラして友達とトラブルになったりしないよう配慮します。そのためには，子供の様子を見ながら交流への参加回数，時間，内容等の計画を立てながら，状況に応じて交流する側の教師とよく連絡を取り合い，柔軟に変更していくことが必要

です。

　交流を実際に行う際は，当初は，原則，特別支援学級の教師がつき添い，必要な支援や指導を行うことが望ましいと考えます。しかし，年度はじめは，新1年生等への指導に人的配置が必要なため，教師の引率や指導が難しい場合もあります。この時期は教師の体制を勘案した無理のない交流計画を立てることが大切です。

　交流及び共同学習の目的は，通常の学級の大勢の友達と共に学ぶことの喜びを味わえるようにすることです。お互いが WIN-WIN の関係になる交流にしていきましょう。くれぐれも交流することだけが目的化しないようにしてください。教科による共同学習をする場合は，交流をする特別支援学級の子供のめあてが，受ける授業の目標と合致したうえで行うようにします。授業のねらいの達成を目指して，通常の学級の子供と共に学び，充足感や達成感を味わえることが重要です。

　交流及び共同計画の年間計画等は，主に特別支援学級が立てて提案することが多いと思いますが，その際は必ず職員会議等で主旨を説明して，教職員間で合意形成を得ることが大切です。できれば，校務分掌に位置づけられた特別支援教育にかかわる部で検討して，部会提案とするとよいでしょう。

❹健康観察のポイント

　4日目になると少しずつ緊張も解け，頑張ってきた精神的にも身体的にも疲れが出てくる頃です。学級の子供たちの中には，疲れていることが言葉でうまく伝えられない子，疲れている自覚がない子などが見られます。無理をしてしまうと，一気に体調を崩してしまいますので，注意が必要です。

　朝の会で行う健康観察の際は，保護者からの連絡帳を事前に目を通しながら，顔の表情，動きの緩慢さ，朝食の有無，体温等を注意深く観察します。必要であれば養護教諭に相談したり，保護者に連絡をとったりして，休養させることも肝要です。

5日目からは，時間割に沿って，グループごとの学習をスタートし，子供の様子を把握していきます。保護者と連携していきます。

（喜多　好一）

❶学習規律の指導ポイント

　学習指導としては，概ね２日目以降から，生活単元学習や体育，図工，音楽などを実施する学級が多いことでしょう。時間割に沿いながら授業するうえで，子供たちに定着を図りたいのは，学習規律の徹底です。

　学習規律は，通常の学級の子供以上に時間をかけて身につけさせたいきまりです。ぜひ，年度当初の授業開始時に取り上げて丁寧に指導しましょう。

　学習規律として取り上げるきまりは，学校によって違いはありますが，以下，押さえておきたい指導内容に絞ってポイントを記します。

○**授業の始まりの時間を守り**，席に着く。

○授業のはじめと終わりに**挨拶をする**。

○**背筋を伸ばした姿勢で座る**。

○声の大きさを考え，**丁寧な言葉づかいで話す**。

○話している人を見て，**最後まで静かに話を聴く**。

○名前を呼ばれたら**「はい！」と返事をする**。

　この全てをまずは，一単位時間かけて，手本を示しながらやって見せて確認をするとよいでしょう。特に，最初に重視したい項目は，身につきやすい「挨拶」と「返事」です。

　授業前に椅子を入れて立ち，日直の号令「これから○時間目の授業を始め

ます。」「礼。」「よろしくお願いします。」に合わせて，全員が挨拶をします。また，担任が「○○さん。」と呼名したら，素早く手を挙げて元気に「はい！」と返事をするようにします。

❷学習目標・内容の選定

　学習目標・内容に関しては，2年生以上は個別の指導計画に記された目標を達成するための教材を用意して，集団での学習や個別学習をしていきます。新1年生等の新入生の学習は，まだ学力の程度や障害の特性の実態が十分につかめていないため，ある程度の学力を予測しながら学習材を用いて指導し，随時，記録をとりながら個別の指導計画の作成に反映させていきます。

❸学習準備と家庭学習のポイント

　前日に学習準備を一人でできるように習慣化することが重要です。しかし，特別支援学級の子供たちに持ち物を口頭で伝えたり，連絡帳に書いたりしても，次の日には忘れてしまい，なかなか授業が始まりません。そこで，授業前日の帰りの会で簡易な持ち物カードを作り，連絡帳に貼らせるとよいでしょう。チェック欄は，子供用と保護者用を用意して確認できるようにすると，保護者の意識も高まります。各年度はじめ，全員にこの手立てを打つことでかなり忘れ物が減ります。また，そのチェック欄には，学習の定着を図るための宿題の欄も加えるとよいでしょう。家庭学習をしない子がいますので，家庭教育の協力を得るツールにもなり，一石二鳥です。

❹保護者との連携のポイント

　一週間が経ち，子供の様子で気がかりなことが見えてくる時期です。しかし，子供の行動の背景や要因が十分に推測できず，不安を抱えながら指導にあたる場合もあります。そのようなことを避けるために，連絡帳や送り迎えの際の会話や直接の電話等でのやりとりを生かして，家庭における前日の様子を情報交換することが重要です。

これまで在籍している子供の保護者とは面識もあり，率直に連絡をして対策がとれますが，新1年生等の新入生の保護者とは，関係ができていないことからもそうもいかないケースがあります。

　毎日の情報交換の際は，主に毎日の連絡帳が活用されますが，そこに記す担任からのコメントには細心の注意を払いたいところです。特に，マイナスの情報を記す際，子供の問題となる行動だけ書いて，保護者に責任を押しつけるような文章は避けなければなりません。問題行動があっても，担任が子供の成長に向けて保護者と一緒に取り組んでいきたいという気持ちが伝わる文章を心がけることが保護者との連携を密にする近道です。記し方のポイントは，まず，問題となった事実と学級や学校での指導や対応を正確にかつ端的に書きます。そして，その指導等による子供の変容，さらには今後家庭に協力してほしいことの順に書いていきます。長い文章になり，正しく伝わらないかもしれないという心配があれば，その日のうちに保護者に電話連絡をして補足します。ただし，学校での問題行動が重篤であったり，被害者がいたりするケースは，事実を正しく伝える必要があるため，連絡帳ではなく電話であるいは直接会って話します。「お子さんのことを心配している」「一緒に考えていきたい」という気持ちで誠実に伝えていきます。

　また，この時期，子供の安全面で保護者と確認をしておく内容として，登下校の安全があります。特別支援学級に通う子供であれば，一人登下校が原則であり，その責任は保護者が負います。子供に対して，通学路を正しく歩いて来ているか，通学路に障害となる危険な物はないか等を聴き取るとともに，保護者と情報共有をすることが大切です。できれば，登下校の状況に応じて，改めて授業として「安全な歩道の歩き方」「横断歩道の渡り方」等の交通安全に関する指導をし，その指導内容を保護者に共有します。新1年生等の新入生に対しては，下校時に，担任とその保護者が実際に子供と一緒に通学路を歩く機会をもつとより効果的です。

第3章

4月
出会いをぐんと
楽しくするアイデア

最初が肝心。「クラスが楽しい！」と子供の
心をつかむ技を用意しておきましょう。

1 子供も保護者も担任も安心できる入学式

子供と保護者の不安や期待を受け止め，見通しをもって，安心して入学式に参加してもらいます。

（大村知佐子）

入学式前日リハーサル

　事前に慣れておく必要はないだろうという子供を除いて，入学式を迎える子供には，入学式前日，式の準備が整った時間に学校に来てもらい，担任と一緒に前日リハーサルとして当日の流れどおりに活動してもらいます。

　「どの入り口から入るのか」「どこで受付をするのか」「どの椅子に座るのか」「どのような流れで式が行われるのか」「困った時には誰に助けを求めたらよいのか」「何をしたら終わりなのか」などを伝えます。

手がかりツール

　前日リハーサルで子供がつまずきそうな部分に，保護者と相談して手がかりツールを配置します。自分の椅子がわからなくなりそうな子供には椅子の背にその子供の好きなキャラクターのシールを貼る，足をバタバタしそうな子供には床に足形を貼る，体育館に入場後どのように進んだらよいかわからなくなりそうな子供には床に矢印を貼るなどです。

　入学式の流れがわからなくなりそうな子供には簡単な手順チェック表を作成します。

入学式後の言葉かけ

　どれだけ準備をしても，当日子供が保護者のもとに走って行ったり，泣いてしまったり，不安定になってしまったりすることは，よくあります。不安定になった時にどうするのかを保護者と相談しておくとよいです。そっと教室に連れて行ってゆっくり過ごすのか，最後まで体育館で頑張らせるのか，事前に決めておくとよいでしょう。予定外の出来事が起こると，子供も保護者も「失敗してしまった」という気持ちになりがちです。そのような場面で担任がどのような言葉をかけるかによって，子供と保護者の心もちが大きく変わります。子供が頑張れたことを具体的に伝えることで，明日からも前向きに学校に来ることができます。「校長先生の方をしっかりと見ていましたね」「名前を呼ばれて，はいと返事できましたね」「気持ちを切り替えることができましたね」「助けを求めることができましたね」「自分の席に座ることができましたね」など，小さなことでも本人の頑張りや成長を伝えることで，保護者は安心し，子供はほめてもらうことができます。最初の1日は，完璧じゃない方が，伸びしろが大きいです。事前の準備が終わったら，穏やかな笑顔で，子供の姿を保護者と共に見守りましょう。

2 毎日を楽しくする 先生との絆グッズ

子供が先生に自分の気持ちを伝えたり，先生が子供の心が和む言葉をかけたりするチャンスをつくるために使います。

（大村知佐子）

絆をつくる「にこにこ日記」

　子供たちに，居心地のよい教室とはどんな教室なのかを聞きました。第1位は「先生が話を聞いてくれる」，第2位は「成長できる」，第3位は「困った時に助け合える」でした。教室の中で，この三つを支える柱の一つが「にこにこ日記」です。

　子供たちは登校後すぐに「にこにこ日記」を持って交流学級へ行きます。交流学級担任からその日の時間割を聞いて記入します。自分で記入できない子供は交流学級担任に記入してもらいます。特別支援学級に帰ってきてから，担任とその日の流れを相談します。不安なこと，見通しがもてないことはその時間に解決します。「○○の時間ははじめてなので不安だから付き添ってほしい」「体育の時間は体育館に行けばよいのかグラウンドに行けばよいのか確認してほしい」「今日の給食は交流学級ではなく特別支援学級で食べたい」など，交流学級担任に助けてほしいことがあれば，朝のうちにお願いしておきます。内容によっては友達が助けてくれることもあります。その日のめあてを決め，毎時間，振り返りを行います。週末にはこの日記を見ながら，その週に頑張ったことを発表します。この一連の流れが，子供たちの学校生活を支えています。

絆を深める「たすけてカード」

　「挨拶が上手にできた」「声をかけられなくても片づけができた」など，子供が自分のめあてを達成したら，付箋に書いた「たすけてカード」を渡すことにしています。カードを提示すれば，学習中わからないことがあった時にすぐに助けてもらえます（カードがなくても助けてもらえるのですが，カードがあると子供が援助を依頼するハードルが下がるようです）。学習に疲れた時には，このカードを使ってしばらく休憩することもできます。

　子供たちは「たすけてカード」を何枚も貯めて，自分の使いたい時に使っています。頑張ったことが認められるうれしさから「たすけてカード」を大切に持って集めている子供もいます。「先生，給食を減らしてもよいカードにしてください」と頼まれることもあります。付箋に書くだけなので作るのも簡単です。その子供は交流学級担任に渡して自分の苦手な食材を減らしてもらっています。子供と担任との大切な交渉ツールになっています。

3 やり方をいつでも確認できる 手順表

入学してきた子供も担任も，そして在校生も，みんなが給食や掃除，集会などの手順がわかり，教え合うために作ります。

（大村知佐子）

みんなで共有，手順表

在校生の子供たちは，1年生が入学することをとても楽しみにしています。2月に行う体験学習の招待状を作ったり，体験学習でどんな活動をするのかを自分たちで考えたりして，1年生が小学校生活を楽しく過ごせるように入学前から頑張ってくれています。1年生の子供が入学してきたら，いろいろなことを教えてあげたいと願っています。その際に子供たちが活用するツールが，教室のあちこちに貼ってある手順表です。手順表があることで，担任が教えなくても子供同士で教え合い，学び合う姿が見られます。

手順表の便利さに気づくと，子供たちは，次は自分たちで作ろうとします。ランドセルの片づけ方，割り算の仕方，集会の流れなど，子供たちは様々な場面で活動を課題分析し，やり方の順番を示した手順表を担任と一緒に作り始めます。そして，そのカードをお守りのように肌身離さず持っていたり，他の子供たちに見せて説明したり，家でも使ってみたりするようになります。

担任自身が子供たちにいろいろなことをわかりやすく視覚的な手がかりを作って示すこと，子供が十分に考えたり作ったりする時間や材料を保証することが大切です。

みんなで決定，教室のルールづくり

　教室に複数の子供がいるとトラブルが起きることがあります。トラブルが起きたら，解決できるまで，その遊びはできないことにしています。例えば，トランポリンの取り合いでトラブルが起きた場合は，そのトランポリンは誰も使えません。子供たちはトラブルが起きた原因を考えて「タイマーを使って2分間で交替にする」「待っている間は椅子に座って待つ」「脱いだ内ばきはビニールテープで仕切った仕切りの中に入れる」などの解決策を出します。その約束をみんなが守れるかどうかを確認した後，画用紙に書き，貼っておきます。小さなトラブルを起こした時に解決する経験を積み重ねておくことで子供たちは大きなトラブルを起こしにくくなります。また，自分たちで解決しようとするようになります。学年のはじめは教科の学習よりもこのような時間を多めにとります。そうすることで，子供たちはトラブルを起こさずに毎日を過ごせるようになり，少しずつ教科の学習にも落ち着いて取り組めるようになっていきます。

4 ドキドキさんもワクワクさんも満足，安心環境づくり

子供が安心するなじみのあるものと心を刺激する新しいものをバランスよく用意することが，満足できる学校生活を送るためのコツです。

（大村知佐子）

ドキドキさんのための環境づくり

　子供たちには，見通しをもって安心したい気持ちと新しい刺激を受けて成長したい気持ちがあります。そのどちらの気持ちが大きいかは子供によって，また時期によって違いますが，教室にはそのどちらも必要です。

　不安や緊張が強くドキドキしてしまう子供のためには，なじみのある環境づくりとできないことへの配慮が大切です。

　私の教室には，子供が入学前に体験学習で書いたプリントや絵が貼ってあります。自分になじみのものがあるだけで子供は安心するようです。

　また，不安の強い子供には名前の横にその子供の好きな模様や色のシールを貼ります。靴箱にも教室の机にもランドセルを置くロッカーにも自分用のシールが貼ってあることで，ドキドキはずいぶん軽減されるようです。

　トイレや洗面台には，身長が低い1年生のために踏み台を用意してあります。子供が一人でできるように準備しておくことで，安心して学校生活を送ることができます。子供が使わなくなったら片づけます。片づけるタイミングも子供と相談して決めます。

ワクワクさんのための環境づくり

　子供たちは同じ環境がずっと続くと，新しい刺激を求めるようになります。時にはそれが不適切行動となって表れることがあります。そうならないようにするためには，先手を打って，子供のワクワクする気持ちを満足させる環境が必要になります。

　私は，教室の一角に子供たちが自由にレイアウトできるプレイルームスペースを作りました。プレイルーム作りに必要な段ボールやガムテープなども用意してあります。子供たちは20分休みの時間はそのスペースに行って自由に活動しています。子供たちがやりたいこと，要望を聞き，どうしたら実現できるのかを一緒に考えてあげるとよいと思います。子供たちが生き物を飼いたいと要望してきた時も，飼うためには何が必要なのか，世話は誰がどのようにするのかなどを相談し，教室のみんなが納得する生き物を選びました。子供たちは心を込めてメダカの世話をすることで，ワクワクする毎日を送ることができています。

5 あさがおの育て方攻略カード

ゲームの攻略本や攻略動画を参考に，新しい教材との出合いを子供が楽しめるように工夫してみます。

（大村知佐子）

観察カードを攻略

　子供たちに誘われて携帯電話のゲームを始めました。はじめは子供との話題づくりになればいいかなとのんびりとやっていたのですが，すぐに壁にぶつかりました。何度やっても「敗北」になります。もう止めようかなと思った時に子供が「先生，ちゃんと攻略動画見てからやったらいいよ」と教えてくれました。攻略動画にはそのゲームに出てくる敵のキャラクター，弱点，どうすれば勝てるのかがわかりやすく示されています。教えてもらった通りにやったら「勝利」を手にすることができました。

　1年生の子供たちにとって毎日の授業はまさしく攻略すべき課題が満載です。やり方を覚えたらきっとできるようになると思うのですが，「できない」と一度思ってしまうと前に進めなくなる子供もいます。

　子供が「できそう」と感じることができたら，「やってみよう」につながり，「できた」まで進めます。1年生の1学期といえば，「あさがおの観察」です。どこの小学校でも「観察カード」を書くでしょう。

　ワークシートを作り，何をどのように書けばよいのかがわかれば，これからのいろいろな観察カードに応用していくことができます。

タブレット活用

　大抵，観察カードの上半分は絵になっています。あさがおの絵で苦労する子供も多くいることでしょう。そんな時はタブレットの出番です。書きたい部分の写真を撮り，それをもとに書いてもよいですし，子供が撮影した写真を印刷して貼ってもよいでしょう。音声入力を使えば，平仮名をまだ十分に習得していなくても言葉を残すことができます。はっきりとした言葉で話そうと子供たちは努力することでしょう。一人一人の子供に合った使い方をぜひ，見つけてあげてください。

　ここで大切なことは，攻略すべきものは「課題」であり，子供の「行動」だということです。たまに，子供や保護者に勝たなければと必要以上に指導的な態度になってしまう先生を見かけます。子供がやりたくないと言った時に，無理強いしてやらせて，子供がやってくれて，担任がよかったと思っても，それは，子供にとっては「敗北」でしかありません。子供と共に「勝利」を手にできるように頑張りましょう。

6 面談前の心の準備プリント

子供が育ってきた様子を知り，保護者の悩みや要望を整理してもらってから懇談することで，互いに前向きな懇談になります。

（大村知佐子）

「個別の教育支援計画作成のための資料」で情報収集

　保護者は入学に至るまで，様々な苦労や思いをもって子供を育ててこられました。そのため，今までのことを全て先生に伝えなければと考えたり，学校のことは全て先生に任せようと思ったりする方がおられます。このままでは保護者と担任の思いがすれ違う可能性があります。

　そこで，入学されたら「個別の教育支援計画作成のための資料」を書いていただくようにしています。成育歴を書ける範囲で書いてもらい，チェックリストで客観的に子供の姿について考えてもらい，合理的配慮や目標を共有するための資料です。

　資料作成後に懇談できるので，保護者も担任も頭の中が整理され，前向きな懇談をすることができます。書けない部分がある場合は一緒に書きます。この資料は担任が代わった時にも役に立ちます。

　チェックリストで，マイナス面ばかりが気になり全て「できない」に○をつけたり，逆にマイナス面を認めることができず全て「できる」に○をつけたりする方がおられます。それはその時の保護者の気持ちだと受け止めましょう。次年度，チェックリストに少しでも変化があり，子供の成長を保護者と共に喜び合えるといいなあと思います。

写真入り週予定

　保護者と直接話せる場合はその機会を利用して，そうでない場合は連絡帳や週予定で，子供たちの頑張っている様子を保護者にできるだけ多く伝えます。私はこれを「貯金」だと思っています。担任をしていると，時には子供のネガティブな内容を伝えなくてはいけない場面があります。そんな時にこの「貯金」が貯まっていると保護者は前向きに受け取り，一緒に頑張っていこうという姿勢が見られます。けれども「貯金」が貯まっていないと，保護者も子供も「先生は自分たちのことを頑張っていないと思っている」「こんなに頑張っているのにまだ頑張れって言うなんてひどい」など，思わぬ誤解を生んでしまうことがあります。もし，そんな風に思われているなと感じたら，「貯金」が少なかったかなと振り返ってみてください。運動会や学習発表会が「ボーナス貯金」（子供をたくさんはめられるので）だとすると，写真入り週予定は「積み立て貯金」のようなものです。毎週，子供たちの頑張った写真を載せることで，来週は子供と一緒に何を頑張ろうかなと考える機会になります。ほめるチャンスは多いほどよいです。

第4章

4・5月
はじめに押さえる
生活・学習
システムづくり

ルールやシステムを最初にしっかりつくっておくことで，１年間安定した学級経営ができます。

1 気持ちよい1日のための「朝の準備・健康管理」

見通しをもって元気に，1日のスタートを切れるようにするため，活動の流れを視覚化して準備します。

(五郎丸美穂)

スムーズな朝の準備のために

❶登校，朝の準備のシュミレーション

学校生活は，毎朝子供たちが登校してくるところから始まります。誰とどうやって登校するのでしょう。どの入口から入り，どこで靴を履き替え，どのルートで教室にやって来るのでしょう。教室では何をすれば，学校生活がスムーズに送れるでしょうか。子供たち一人一人について，シュミレーションしてみましょう。

また，その子供の生活の拠点が特別支援学級なのか交流学級なのかによって，靴箱やロッカー等の場所が変わってきます。子供の実態や保護者の思い，学校の実情によって，相談し準備を進めましょう。

【確認しておきたいこと】

- 生活拠点（特別支援学級か交流学級か）
- 学校までの登校方法（徒歩，保護者送迎，自転車・バスなど）
- 校舎入口，靴箱，傘立ての場所
- 靴の履き替え（専用靴，車椅子，椅子等の必要性など）
- 靴箱から教室までのルート（一人で可能か迎えが必要か）

- 机，ロッカー，提出物を置く場所
- 朝するべきことは何か（ランドセルやかばんから中身を出す，引き出しにしまう，宿題等の提出物を出す，連絡帳に日課を書く，水やり等の朝の仕事をするなど）

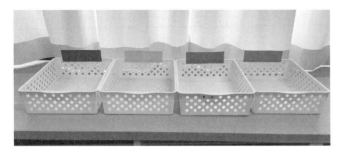

個々に配付物や提出物が違うことが多いので，
子供たち一人一人にカゴ等があるとよいでしょう。

朝の活動の流れを
写真で示しています。

❷活動の流れの視覚化

　子供たちの中には，活動の流れを目に見えるように示してある方が自主的に行動できたり落ち着いたりする子供もいます。そのような子供には，朝の活動の流れを写真やイラスト，文字など，その子が理解しやすい方法で示したものを準備するとよいでしょう。

体調の把握

　特別支援学級の子供たちの中には，自分の体調をうまく伝えられない子供たちもいます。子供たちの様子をよく観察するとともに，朝保護者と会える場合は直接話して聞きとったり，保護者に記入してもらった連絡帳（記入欄を設けるなどするとよい）を確認したりして把握しましょう。

2 元気に1日をスタートさせる「朝の会の流れ」

今日1日の学習・生活の流れを知り，スムーズに学校生活をスタートできるようにします。

（五郎丸美穂）

1日を元気に　朝の会

　子供たちが1日を元気にスタートできるようにするために，朝の会にどんな内容を設定するとよいでしょうか。

【考えられる朝の会の活動（例）】
- 健康観察（呼名，返事）
- 日課，1日の流れの確認
- 給食の献立の確認
- 1分間スピーチ
- 歌（朝の歌，季節の歌など）
- ゲーム（コミュニケーション）
- 運動（ランニング，サーキット運動，縄跳び，鬼ごっこなど）

　朝の会にとれる時間はどれぐらいあるでしょうか。授業開始前の10〜20分で行う場合もあるでしょう。知的障害のある子供たちなら，1時間目に特別支援学校の教育課程である「日常生活の指導」の授業を位置づけ，朝の準備や朝の会にしっかり時間をとって実施することもできます。

また，複数の子供たちが在籍する学級の場合は，日直や係として子供たちの実態に合った役割を任せ，一人一人のよさを発揮できる場になるといいですね。

朝の会の進行表を見ながら，
司会や健康観察をしています。

イラストや先生の顔写真で，「いつ」「何を」
「誰と」するのかわかるようにしています。

一人一人に合ったスケジュールボード

　特別支援学級では，子供たちごとに授業やスケジュールが違います。朝の会で一人一人のその日のスケジュールを確認すると，見通しをもって学校生活を送ることができるでしょう。場所を移動して朝の会を行う場合などは，スケジュールボードを持ち運べるようにしておくとよいかもしれません。

　スケジュールボードは，子供たちが1日に何度も見て確認するためのものでもあります。教科名等の表記は，その子供が理解しやすいように，漢字，ひらがな，イラスト，写真などを工夫するとよいでしょう。

3 自分で取り出し片づけられる 「持ち物（管理）ルール」

環境を整えることで，子供たちが主体的に活動し，自分の持ち物を自分で管理できるようにします。

（五郎丸美穂）

動線を考えた管理場所

　ランドセルやかばん，教科書やノート，体操服など，子供たちが学校生活で使うたくさんの持ち物を，どこに置けば子供たちは動きやすくなるでしょうか。子供たちの動きをシュミレーションしてみましょう。

　学年や学習教科によって，子供たちの持ち物も違ってくると思います。また，体格や特性が違う子供たちなので，それぞれ持ち物の出し入れがしやすい位置や収納方法を工夫しましょう。

表示の工夫

　特別支援学級の子供たちの中には，写真やイラストなどで視覚的に表示してある方がわかりやすい子供もたくさんいます。

　「自分の物」を置く場所だということがわかるようにするためには，出席番号，名前（漢字，ひらがな），顔写真，マークなど，どのように表示してあるとよいでしょうか。子供たちの実態に合わせて，表記を変えたり，写真やイラストを添えたりするとよいでしょう。

　また，「何をどのように」置くのかを，視覚的に表示した方がわかりやす

い子供もいます。ロッカーや引き出しに，ランドセルや教科書などの収納する物の写真やイラストを貼る方法も有効です。

みんなで使う物，子供たちに触ってほしくない物

　子供たちや教師が共同で使用する道具や材料などは，引き出しやカゴなどを使って，取り出しやすく片づけやすいように収納しましょう。中が見えにくい場合は，何が入っているのか表示しておくとわかりやすいと思います。

　また，危ない物や子供たちに触ってほしくない物は，子供たちの目に触れない場所にしまっておきましょう。入ってほしくない場所には，配置を工夫するなどして入れないようにするか，×印などで「入ってはいけない」というルールを視覚的に示しておくとよいと思います。

どこに何を置くのか，写真を貼っておくと，整理整頓がスムーズです。

ロッカーに何を入れるのか，イラストで示しています。

入ってほしくない場所は，マークで伝えます。

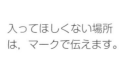

4 みんなで準備して楽しめる 「給食指導」

自分にできることに取り組み，食べることを楽しめるようにします。

（五郎丸美穂）

給食準備

〈着替え〉

　給食準備前の給食着の着脱は，着替えのスキルを身につけるチャンスです。子供たちの動線や実態を考えて，給食着を置く（かける）場所，着替える場所をどこにするのがよいか考えましょう。立ったまま給食着をたたむことが難しい子供の場合は，たたむ場所も確保するとよいでしょう。

〈配膳〉

　子供たち一人一人の発達段階や特性に合わせて，力を発揮できる仕事，繰り返すことでできるようになってほしい仕事を分担して任せたいものです。

　気持ちの安定や仕事のスキルの向上の意味からは，毎日毎週役割を変えるのではなく，一定期間同じ仕事を繰り返した方がよいかもしれません。

　重い食缶をこぼさないように運ぶのは体格の大きい子，量を調整しながら注ぎ分けるのは細かい作業が得意な子，牛乳を１本ずつ机に配るのはマッチングを練習中の子など，子供たちの実態に応じた役割分担ができるといいですね。また，一人ではまだ難しくても，教師と一緒ならできる，支援グッズがあればできる，という場合もあります。場の設定や支援を工夫することで，みんなのために働く意義や楽しさを感じられるようになるとよいでしょう。

食べること

　特別支援学級の子供たちの中には，味覚や触覚の過敏さなどから，偏食や小食の子供たちも少なくありません。スプーンや箸がまだうまく使えない子供もいます。楽しい雰囲気の中で，少しずついろいろなものを，マナーを守って食べられるようになっていくといいですね。

後片づけ

　食後の片づけは，食べ終わった子供から順にすることになるでしょう。食器を落とさないように運ぶこと，同じ食器ごとに重ねることも自分でできるようになるといいですね。

机の上に置いたこのカードの
上に，子供が牛乳を配ります。

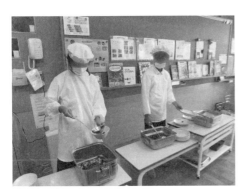

相手に合わせて量を調節もし
てくれるようになりました。

置いてある食器を見ながら，
同じように片づけています。

自己肯定感を高め，働くことの大切さを味わえるようにします。

（五郎丸美穂）

みんなのための仕事　日直・係活動

　朝の会の司会，配付物配り，黒板消し，給食の献立発表……学校生活を送るうえで欠かせないこれらの仕事を任せられることで，子供たちが自信をつけ，みんなのために働くことの大切さを感じてくれたらと思います。

❶みんなで交代　日直の仕事

　同じ仕事をいろいろな子供たちに経験してほしい。そんな仕事は毎日別の子供が取り組む日直として位置づけましょう。他の子供がかっこよく取り組んでいる姿を見て，「あんなふうにやってみたい」と憧れの気持ちで取り組む子供もいるでしょう。

❷一人一人に合った仕事　係活動

　子供たち一人一人の特性に応じて設定できるのが係活動です。一人の子供が一定期間同じ仕事を繰り返すので，仕事の内容ややり方を覚えやすいでしょう。繰り返すことでだんだん上手になり，自信をつけていきたいところです。

　「この子にどの仕事を任せれば力が発揮できるかな」「この子にどんな支援

があればこの仕事ができるかな」という視点で，それぞれに合った係を設定しましょう。

学校をきれいに　掃除

　毎日の掃除の中にも，働くために大切な活動がたくさん含まれています。体格や特性を考えて，それぞれに合った活動を任せましょう。掃除のやり方を手順書で示したり，「終わり」がわかるように掲示を工夫したりして，見通しをもてるようにするとよいでしょう。

【掃除の内容（例）】

- ほうきで掃く，ゴミを一か所に集める，ちりとりでゴミをとる，分別してゴミ箱に捨てる
- ぞうきんを水で濡らす，絞る，拭く，洗う
- バケツに水をくむ，こぼさないように運ぶ，水を捨てる
- 掃除機をかける
- モップで拭く

自分に合った仕事を任せることで，だんだん上手になり，自信をつけていきます。

やるべきことが終わると札を裏返します。「ありがとう」が揃ったら掃除終了です。

6 見通しをもって取り組める 「授業準備・学習ルール」

子供たちが学習の見通しをもつことで，主体的に学習に取り組めるようにします。

（五郎丸美穂）

学習のシステムづくり

〈学習する場所の設定〉

　同じ内容で一斉に学習する通常の学級の授業とは異なり，特別支援学級では子供たち一人一人の学習内容が違っています。また，教師一人で複数の子供たちを指導しなければならないことも多くあります。子供たちが学習に集中でき，教師が指導しやすい机等の配置を工夫する必要があります。

　周囲が気になってしまう子供の場合，視界や音をさえぎるために壁やついたてで空間を区切って，その子のための学習スペースを作った方がよいかもしれません。子供たちが学習に集中しやすくなります。

　活動内容によって子供たち数人で学び合う学習を仕組む場合は，机を近づけたり広いテーブルを利用したりする方が活動しやすいでしょう。

〈学習の見通しがもてるように〉

　その授業の学習内容や順番を具体的に示すことは，特別支援学級の子供たちにとってとても大切な支援です。「この時間はこの学習をするんだ」とやるべきことを理解するとともに，「これをやれば終わるんだ」と学習の「終わり」をイメージすることで，見通しをもって学習に取り組むことができるでしょう。そのためには，文字，写真，イラスト，実物など，子供たち一人

一人にとって理解しやすい方法で，学習内容や流れが示してあるとよいと思います。

　黒板やホワイトボード，課題記入用紙などに書いて示したり，100円ショップの組み立て式引き出しや3段ボックスに実物を一つずつ入れたりするとよいでしょう。教師が何も言わなくても，子供たちが自分で見て，主体的に学習に取り組めるようなシステムづくりが必要です。

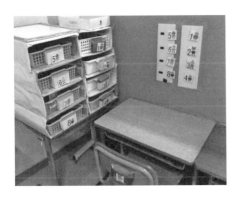

引き出しの中に課題が入っています。課題が終わると，イラスト（マジックテープで着脱）をはずし，全部なくなると課題終了です。

学び合いの時間も大切です。図工でお互いの製作の様子を見ながら作品作りをしています。

子供たち一人一人がわかりやすい方法で流れを示しています。

家で自分でできるための「宿題・連絡帳ルール」

家庭と連携することで，家庭学習や次の日の準備に取り組めるようにします。

（五郎丸美穂）

一人一人に合った宿題

宿題は，学習内容の定着のためでもありますが，家庭学習の習慣をつけ，課題を決まった期日までにやり遂げる力をつける意味でも大切です。学校での学習と同様に，子供たち一人一人に合った宿題を準備したいものです。

> **【一人一人に合った宿題を準備するポイント】**
> ・授業で学習した内容
> ・負担になりすぎない量，難易度，ヒントの有無
> ・読みやすく書きやすい文字，枠の大きさ
> ・やりなれた形式
> ・本人の興味・関心
> ・保護者の負担感，保護者のサポートの有無

特別支援学級に子供たちが複数在籍している場合は，担任の先生がいくつもの宿題を準備することもあるでしょう。効率よく宿題を準備するために，コピー可能なファックスプリント集などの教材を利用する，インターネットのサイトからプリントアウトする，授業で使う学習プリントを複数枚準備し

ておいて宿題にも使う等の工夫が考えられます。また，紙の宿題にこだわらず，タブレットのアプリを活用した宿題も考えられるでしょう。

子供が書きやすく，保護者との連絡がとりやすい連絡帳

　子供たちへのきめ細かな支援のためには，保護者との連携が欠かせません。特別支援学級の子供たちの中には，学校や家庭での出来事や気持ち，その日の体調などがうまく伝えられない子も多くいます。また，悩みを抱えている保護者も多いでしょう。双方が記入しやすい連絡帳を工夫しましょう。

　また，連絡帳には，子供が次の日の日課や持ってくるものを記入して，次の日の見通しをもてるようにする意味もあるでしょう。子供たち一人一人が書きやすい形式，大きさの連絡帳を自作するとよいと思います。

　また，特別支援学級では学年によって下校時刻や下校方法が違うため，ゆっくりと帰りの会を行う時間がとれないことがあります。午後の授業の中で日記や次の日の日課を書く時間をとり，その日を振り返ったり次の日の見通しをもったりできるようにするのもよいかもしれません。

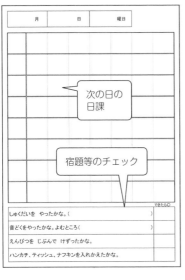

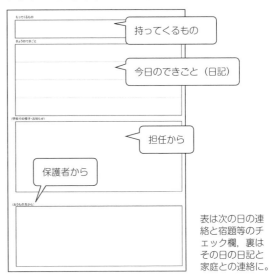

表は次の日の連絡と宿題等のチェック欄，裏はその日の日記と家庭との連絡に。

時間，場所，人を「見える化」する 「教室環境・掲示物」

子供たちが見通しをもち，主体的に安心して生活できるようにします。

（五郎丸美穂）

時間，場所，人を「見える化」しよう

〈時間を「見える化」〉

　子供たちが安心し，主体的に学校生活を送れるように，1年間，1か月，1日，それぞれを見通せる教室掲示を工夫するとよいですね。子供たちが掲示物を見ながら毎日を楽しみに待てるといいなと思います。また，教室掲示にふれる中で，学期や行事等の学校生活の流れ，昨日今日明日の言葉や感覚を覚えてくれたら，子供たちの生活がさらに豊かになると思います。

> 【わかるといいな，「時」を表す言葉】
> ・季節（春，夏，秋，冬，梅雨）
> ・1学期，2学期，3学期，春休み，夏休み，冬休み
> ・今月，来月，先月，今週，先週，来週
> ・今日，昨日，明日，おととい，あさって
> ・曜日（月〜日曜日），月（1〜12月）

　1か月ごとのスケジュール表はExcel形式で作っておくと，少し変更するだけで毎年使えるので便利です。

〈場所，人を「見える化」〉

　学校のいろいろな場所の名前や位置，そこにいる先生の顔と名前がわかるようになるといいですね。校舎の地図に写真やイラストを加えて，教室に掲示しておくと，コミュニケーションツールにもなります。「生活単元学習」等で子供たちと一緒に作成するのもよいでしょう。

「今日」「あした」の表示は，後ろをクリップで留めて，毎日動かします。

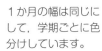

１か月の幅は同じにして，学期ごとに色分けしています。

廊下に掲示しておくことで，子供たちが何度も見に行って，場所や先生の名前と顔を確認できます。

第5章

12か月
子供を伸ばす
教科の学習指導づくり

学校の大半は授業時間。教科の指導で大事に
しておきたいことや指導例をポイント押さえ
て紹介します。

1 カリキュラムづくり

「学びの地図」を踏まえ，子供の実態に即して指導すべき課題を設定し，継続して指導を行うための計画を立てることが大切です。

（新井　英靖）

「子供の実態」から指導すべき課題を考える

　通常の学級と特別支援学級の指導の一番の違いは，通常の学級では指導すべき内容や課題が学年進行で決まっているのに対して，特別支援学級は「子供の実態」から指導すべき課題を考える必要があるという点です。

　特別支援学級に通っている子供は，もともと通常の学級の学習についていくことができなかったり，通常の学級では落ち着いて学ぶことができなかったりすることが多いので，学習内容や学習課題を子供に合わせて設定することが必要です。しかし，特別支援学級の担任教師になると，同じ学年の子供との差がどうしても気になってしまい，「どうしたら追いつけるのか」という意識で指導しようとしてしまいます。

　そのため，特別支援学級では，子供の実態に合わせて学習課題を考えているようにみえて，実は子供の当該学年の学習の補充指導になっていることが多くあります。そうではなく，特別支援学級の教師が考えるべきことは，子供はどこまで学習できていて，どこでつまずいているのかという点です。こうした「子供の実態に応じた指導すべき課題」を考えるためには，以下の点を整理して，学習計画を立てていくことが重要です。

学習到達度	発達の遅れがないか（知的障害がある場合には，どの程度の発達か），発達の遅れがない場合は，どこまで学習が理解できていて，どこでつまずいているのか。
障害特性	学習困難が生じている背景に障害が関係していないかどうか。例えば，理解力はあるが，こだわりが強く，他の子供と交流するのが難しいため，学習に参加することが難しい，など。
興味・関心	特別支援学級の子供の中には，興味・関心のある教材を提示すると学習できることがあるので，学習につながる興味・関心はどのようなものか。

個別の指導計画を踏まえて「年間指導計画」を立てる

　上記のような整理をして指導すべき課題を明確にすることができたら，1年間で子供たちをどのように伸ばしていくかを考えます。この時，特別支援学級では，「個別の指導計画」を立てることになりますので，それと連動するように計画を立てることが大切です。

　ただし，学習指導の年間計画に関しては，「子供の課題」だけを考えればよいのではなく，教科の系統性や領域を踏まえることが必要です。

　例えば，「10までの数を数えることができる」ようになった子供に算数・数学の年間指導計画を立てる場合には，「数と計算」の領域では「20までの数の計算」を指導することを考えるでしょう。しかし，算数・数学の領域は「測定」や「図形」「データの活用」などの領域があるので，「数と計算」の領域だけを指導すればよいわけではありません。

　具体的には，以下のように教科の指導内容を全体的にカバーするように年間指導計画を立てます。この時，45分（中学生の場合は50分）の授業を「数と計算（15分）」「測定（15分）」「図形（15分）」というように区切って指導する方法もありますが，月ごとに単元（学習のかたまり）を設定し，年間通して総合的に指導していくことを考えるほうが子供の深い学びを実現しやすくなります。

もちろん，１年間の学習指導の計画を立てることが難しい場合には，半年間の指導計画や学期ごとに指導計画を立てることも可能です。特に，個別の指導計画を半年単位で見直したり，学期ごとに保護者等と面談し，指導すべき課題を見直したりしていくような場合には，年度内に計画を修正していくことも必要でしょう。

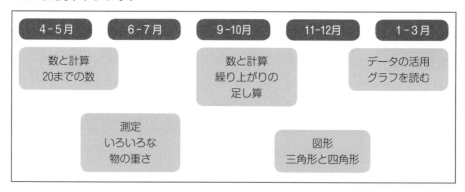

図　算数・数学の年間指導計画案

「単元計画」の立て方と学習指導の方法

　年間指導計画を立てたら，その計画にそって授業を実施していきます。例えば，上の図で示したように，「４‐５月」は数と計算の領域で「20までの数」について学習する計画だとしたら，この２か月の間に「10から20までの数唱」ができることや，「10＋３」の計算ができるようになることを目指して授業が行われます。

　しかし，この時にも算数・数学の時間にドリルやプリントを用意して，「20までの数」の数え方や計算の仕方を教師が教えることばかりでなく，楽しく学べる教材を用意して「授業」を展開することが重要です。

　また，授業づくりにおいては，子供の発達段階や学習のつまずきの背景にある障害特性を踏まえて，指導の工夫（配慮や支援）をすることも必要です。加えて，教材を選定する時にも学習者である子供の興味・関心を踏まえるこ

とがとても大切になります。具体的には，ゲームを用意すれば意欲的に取り組めるのであれば，ボウリングを取り上げ，3回投げて合計点を計算することを課題にすると，「20までの数」を計算する課題を学ぶことができます。

　一方で，勝ち負けが関係するゲームにすると，1番になれなかった時に学習意欲が極端に低下してしまうような「障害特性」のある子供が含まれている場合には，授業にならなくなってしまうこともあります。そうした子供がいるクラスでは，勝ち負けが関係ない「好きな物のコレクションをする」という設定にして，授業を展開するのもよいかもしれません。そうした活動の中で「いくつ集まったのか？」を考える学習を展開すれば，算数・数学の目標を達成できる授業が展開できるでしょう。

　具体的には，ガチャガチャを回して出てきたカプセルの中に，好きなキャラクターが複数入っているという設定にして，ガチャガチャを3回回して，好きなキャラクターをいくつゲットできるかを数えるような算数・数学の授業が考えられます。この授業では，はじめのうちは，カプセルからキャラクターを取り出して，一つずつ並べて数えていきますが，単元の途中で「『10のかたまり』にして数えるとわかりやすい」ということを学ぶように，学習を発展させていくこともできます。

　このような「単元の中での学習計画（＝単元計画）」を立てると，次のようになります。

【単元計画】
第1次　カプセルの中のキャラクターを数えよう　　　　　　　（2時間）
第2次　集めたキャラクターを10のかたまりにして数えよう
　　　　　　　　　　　　　　　　　　　　　　（8時間－第5時が本時）
第3次　ガチャガチャを3回回してキャラクターを集めよう（4時間）

PDCA サイクルの中で学習計画を立てる

　以上のように，特別支援学級の子供たちにも，学習課題に即して子供の興味・関心から教材（遊びやゲームでも可）を考え，少しずつ様々な力をつけていくことができるように学習単元を計画することが必要です。

　ただし，通常の学級の授業であれば，ある学習単元が終了すると，次のステップに進んでいきますが（例えば，「20までの数」の単元の後に「繰り上がりの足し算」⇒「100までの数」というように），特別支援学級の子供は一度その単元を学習したからといって，指導したことが着実に身につくとは限りません。そのため，時機をみて再び似たような課題を目標にした学習単元を組むことがあります。

　そのためにも，学習がひと区切りするタイミングで，子供にどのような力が身についたのかを評価することが重要です。もちろん，1年間の指導で教師が思い描いたように学習が進み，様々な資質・能力が身についていることが理想的ですが，特別支援学級の子供たちは，障害等により学習上，生活上の困難がありますので，簡単に成長・発達していかないケースもたくさんあります（だからこそ，特別支援学級が必要なのです）。

　こうした場合には，次の年度の年間指導計画の中に，例えば「20までの数」を学習する単元を再度設定することになります。その時には，同じ教材でもう一度学習をしてもよいですが，「同じ目標，違う教材」で指導することも考えられます。こうした理由から，特別支援学級の担任教師には，いろいろな教材で授業が展開できるように，教材のレパートリーをもっておくことが必要となります（様々な学習指導案や教材を掲載した書籍を参考文献に掲載しましたので参照してください）。

　以上のように，子供の指導計画は，立案したもの（Plan）を実践し（Do），どのような成果が上がったのかをチェックしながら（Check），新しい指導計画・新しい授業実践へと発展させていくこと（Action）が求められます。こうしたPDCAサイクルを意識しながら，授業の実施と改善を

繰り返していくことが特別支援学級の学習指導では求められます。

保護者や本人と十分に話し合って計画を立てる

　特別支援学級の子供たちに対する年間指導計画を考える場合には，特別支援学級に通ってくる子供本人やその保護者とよく話し合うことが重要です。具体的には，現在の状況や指導すべき課題に対して，本人や保護者がどのように感じているのかという点を聞き取り，学習上，生活上の困難を改善したり，克服したりする方法を一緒に考えていくことが指導計画を作成するための第一歩だと考えます。

　当然のことながら，指導する教師自身が担当している子供たちの将来の姿をどのように捉え，今，どのような指導をしていくことが必要であるのかということを思い描くことも大切です。例えば，小学校から中学校に進学する段階で，中学卒業後は「一般の高校を受験したい」のか，「高等部からは特別支援学校で学ぶのか」ということも含めて本人や保護者と話し合って，指導計画を考えることも必要です。

　もちろん，数年後に一般の高校に進学したいという希望をもっているからといって，本人の現在の実態を大きく超える課題を設定し，学習指導の計画を立てることは望ましいことではありません，しかし，長期的な視点をもてるのが教師の役割の一つですので，数年後の姿を本人や保護者にもってもらいながら，現在の指導計画を立てることが，特別支援学級の教師には求められます。

【参考文献】
・新井英靖編著・茨城大学教育学部附属特別支援学校著『特別支援学校　新学習指導要領　「国語」「算数・数学」の学習指導案づくり・授業づくり』明治図書
・新井英靖編著・石川県立明和特別支援学校・石川県立いしかわ特別支援学校著『知的障害特別支援学校　「各教科」の授業改善学習指導案実例＆授業改善に向けた提言』明治図書

2 学習指導案の書き方

学習指導案を作成する目的は，子供の学びたいことと，教師の指導したいことを統一することにあります。

（新井　英靖）

「単元設定の理由」の書き方

　特別支援学級の子供たちへの指導においても，学習指導案を書いて教師の指導の意図や授業の流れを明確にすることは大切です。学習指導案は，研究授業を行う時などにも活用され，それを学校内外の人にみてもらい，授業を改善していくツールの一つとすることもあります。

　学習指導案を立てる時には，通常の学級の研究授業で用いられている学習指導案と同じように，「単元設定の理由」から細かく書く「細案」と，「学習のねらい」および「本時の展開」を簡略化して書く「略案」があります。ここではまず，「細案」を書く際に記述する「単元設定の理由」からみていきます。

　「単元設定の理由」には，「児童生徒の実態（児童観）」「どのような教材を用いて指導するか（教材観）」「児童生徒の実態と教材を結びつける指導の工夫（指導観）」を整理して記述します。具体的なポイントは，次のページのようになります。

小学校１年生　算数科（数と計算）　学習指導案

日　　時：〇月〇日　9時30分～10時15分

場　　所：1年1組教室

1　単元名　もぐもぐたいやきやさん　― 数とものの関係を知ろう ―

> 【単元名】楽しいネーミング＋育成したい資質・能力をセットにして書く

2　単元について

○本グループは，1年生男子2名，女子1名の計3名で構成されている。友達や周りの様子が気になると，気持ちがそれたり，活動が進まなかったりすることがあるが，興味・関心のある活動や友達や教師と楽しくやり取りする活動には積極的に参加することができる。

> 【児童生徒観】
> 学習指導要領（各教科等編）のどの段階に該当するのかを確かめる

○算数の実態としては，1名は発音が不明瞭で数詞の順番が曖昧であるが，教師や友達を模倣して数唱しようとする。また，教師と一緒に具体物を操作することで一対一対応ができる。1名は，一人で数唱することは難しいが，教師や友達の声に合わせて5までの数唱ができる。また，不確かではあるが，3までの数え取りができる。 1名は，50までの数唱，10までの数え取り，半具体物を操作して7までの数の合成ができる。

> 【教材観】
> 「身につけたい力」を明確にしたうえで，それを実現するための学習活動（下線部分）を考える

○そこで本単元では，身の回りのものの数に関心をもって関わる気持ちを育成し，具体物の量を数で表すことができることを体験的に気付くことができるようにしたい。また，対応させてものを配ったり，指示された分だけ具体物を取ったりする活動を通して，数のまとまりや数とものとの関係に関心をもち，ものを数える素地を養いたい。

> 【指導観】
> アクティブに学ぶための楽しい活動と，学習のねらいを結びつける指導の工夫を書く

○そのために，児童がたい焼き屋になって，たい焼きを作って届けるという文脈の中で，楽しく10までの数を学習できるようにした。たい焼きを作ったり，数えたりする操作的活動を取り入れ，教師や友達とやり取りをして楽しみながら数に触れる中で，数字の形の特徴，数とものの関係に気付くようにすることで，数の感覚を養うことができるのではないかと考える。

3　児童の実態（ここでは1名のみ抜粋して記載）

氏名	算数に関する実態	学習態度・行動特徴など	学習指導要領との関連
A	発音は不明瞭だが，教師や友達を模倣して数唱しようとする。具体物を操作して一対一対応ができる。	気持ちが向かなかったり，自分の思いが通らなかったりすると，離席や活動が進まなくなることがあるが，興味のある活動であれば積極的に取り組むことができる。	（特）小1段階・B・ア

> 学習指導要領に記載されている箇所を確認する

> 算数に関する発達の実態

> 教材や授業展開を考える際に必要な障害特性や興味・関心などをまとめる

「目標」－「本時の展開」－「評価」まで流れを考える

「単元設定の理由」が書けたら，次は教師の意図を実際の授業で展開できるように，「目標」－「本時の展開」－「評価」を考えます。

まず，単元を通して育成したいことを「単元の目標」として整理します。具体的には「知識及び技能」「思考力，判断力，表現力等」「学びに向かう力，人間性等」に分けて書くとともに，目標をどのように評価するかという評価規準をセットにして考えて書いていきます。

その後，単元計画を考えたうえで，「本時の展開」を考えていきます。これは，「本時の展開」は子供の学習活動を時系列にそってまとめるだけでなく，以下のように，その活動の中でつまずきやすい点などを踏まえて指導上の留意点を書くことと，この授業の評価基準を示していきます。

> 単元を通して育てたい目標（育成を目指す資質・能力⇒個別の指導計画等とも関連させて）

4　目　標
　○数に注目して数えたり，具体物を取ったりすることができる。(知・技…特小1・B・ア)
　○数とものを対応させたり，数を用いて表現したりすることができる。(思・判・表…特小1・B・イ)
　○数に気付き，興味・関心をもって取り組もうとする。(学・人…特小1・B・ウ)

> 語尾に注意！
> 「学びに向かう力，人間性等」は「〜しようとする」それ以外は，「〜することができる」

　○　数に注目して数えたり，具体物を取ったりすることができたか。(知・技)
　○　数とものを対応させたり，数を用いて表現したりすることができたか。(思・判・表)
　○　数に気付き，興味・関心をもって取り組もうとしたか。(態度)

> ●「評価」は目標の裏返し
> ●単元の目標の評価は「評価規準」として考える

6　指導計画（20時間扱い：1単位45分）
　第1次　かぞえてみよう・・・・・・・・・・・・・・・・・・
　第2次　もぐもぐたいやきやさん・・・・・・・・・・・・・15時間（本時は第8時）
　第3次　まとめをしよう・・・・・・・・・・・・・・・・3時間

> 可能なら，単元を通して少しずつ「深い学び」へ結びついていくように計画する

7　本時の指導

（1）目　標

この授業の中で，育成を目指す資質・能力がどのように発揮されることを期待するかについて具体的に記述する

○3までの数で，数字をみて，マスのなかにたい焼きを置くことができる。（A）

○5までの数で，たい焼きの数を数えたり，たい焼きを具体物に持ってくることができる。（B）

○10までの数で，たい焼きが10個になるにはあといくつ必要かを考えることができる（C）

○たい焼きの数に気付き，たい焼きを数えることに興味・関心をもって活動に取り組もうとする。

（学びに向かう力，人間性等）

「学びに向かう力，人間性等」は単元を通して共通したものでよい

（2）展　開

時刻	学習内容・活動	支援上の留意点
9:30	1　本時の学習内容を知る。	（授業の流れを理解し，期待を持たせる⇒詳細は略）
	2　「すうじのうた」を歌う。	・歌を歌いながら数字に触れることで，数字に親しみをもち，形の特徴や読み方を確認できるようにする。
9:45	3　たい焼きを作って届ける。	・紙芝居を見ることで，学習への期待感を高め，「やってみたい」気持ちを引き出すようにする。
	くまのたい焼きやさんに，王様がやってきました。王様はたい焼きがお気に入り。王様が友達を連れてきて，注文がたくさん入りました。 みんなでたい焼きを作るのを手伝ってあげましょう。	・活動の中で，「すうじのうた」を歌いながら数を確認することで，数字の形に着目しながら読み方を確認できるようにする。 ・作ったたい焼きの数をみんなで数えることで，正しい数を確認し合ったり気付いたりできるようにする。
	⑴　紙芝居を見る。 ⑵　頼まれた数のたい焼きを作る。 ⑶　たい焼きの数を数える。 ⑷　たい焼きを届ける。 ⑸　プレゼントをもらう。 ⑹　プレゼントを見る。 ⑺　みんなのプレゼントを見る。	・Aには，3マス枠の箱を用意し，数字とたい焼きが描かれた注文カードをマスに合わせることで，対応させながらたい焼きを入れることができるようにする。
		⇒3までの数で，数字をみて，マスのなかにたい焼きを置くことができたか。 <観察>（A）
10:10	（中略） 4　終わりの挨拶をする。	・一人一人の学習を振り返り，頑張ったことを称賛したり，「できた」気持ちを共有し認め合ったりすることで，次時の学習への意欲につながるようにする。

小学部低学年の授業は，同じパターンで授業を始めることもある

紙芝居をみて，ストーリーを創出し，子供たちを巻き込む（アクティブ・ラーニング）

3人に共通する留意点＝この授業を進める上での指導の工夫を書く

一人一人にどのように指導するかの工夫と，一人一人の評価の視点を書く

評価は本時の目標と連動させる／授業の展開のどの場面で・どのような方法で・誰に対する評価であるか，わかるように記述する

3 小学校・知的障害特別支援学級 国語
楽しい学校生活を知らせる手紙を書こう！

見聞きしたり，経験したりしたことについて，簡単な語句や短い文を書くことができる，特別支援学校学習指導要領小学部３段階や中学部の段階の指導。

(池田 康子)

準備（教材）

連絡帳に毎日書いてきた「楽しかったこと日記」・楽しかった場面の写真・書きやすい便箋（Ａ４判横縦書きマス目有／無）・付箋紙（書く内容を選定用）・学習の進め方カード

主な内容

⑴基礎学習（15分／毎時間）

① ○○は △△を □□する 助詞を意識させたくじ引き文作り

②特殊音節の読み書き

　身近なことばや好きなキャラクター名など活用して継続学習を行います。

⑵手紙を書こう（６時間目／９時間）

祖父母や出身園の先生，来春入学する園児など，子供が決めた相手に手紙を書きます。ここでは，書くことに強い負担感がないように，少しずつ仕上げるやり方をとっています。

①内容を決めよう（８分）

「楽しかったこと日記」から二つずつ対決させて，選ばせます。

9	8	7	6	5	4	3	2	1	☺ あたらしい　一ねんせいに　てがみを　かこう
かいたてがみを　よみあって　よいところを　つたえあおう	たのしみにする　メッセージを　かこう	がっこうで　いちばんたのしいことを　かこう	がっこうで　いちばんすてきなものを　かこう	はじめの　ことばを　かこう	そのばしょに　いってみて　おもいだそう	しゃしんをみて　おもいだそう	てがみを　もらうきもちを　かんがえよう	にゅうがくまえの　きもちを　おもいだそう	がっこうにいくのが　たのしみになる　てがみ

学習の進め方カード
・学習の進め方がわかる
・一つずつ進めていき，やり
　終えたところにシールを貼
　ることで達成感が得られる
・5～8の挨拶，好きな遊具
　等の各項目について2～3
　文ずつ書くと，手紙が完
　成！

例：鉄棒 VS ジャングルジム ジャングルジムを選んだわけは，高いとこ
ろに上がるととても気持ちがいいから。

②選んだ場面の写真を見て文を書こう（5分）

支援方法例：子供の話を代筆／簡単な質問形式や選択肢の提示，言い換え

③なりきり質問タイム（2分）

教師は受け取る相手になりきって，詳しく知らせたいことを質問します。

例：園児役「お姉ちゃん，○○幼稚園のジャングルジムとどこが違うの？」

④つけ加えたいことを相談してから，清書をしよう（10分）

⑤できたところまでを読み，手紙の発表会をしよう（3分）

発表後は，聞き手に感想を話してもらい，よかったところ等を聞きます。

⑶振り返り（2分）

子供に応じた振り返りをします。（例：楽しかった・大変だった＋理由）

留意点

- この他に新聞作りなど交流学級の取り組みに参加することがあります。今
　できる力を使って何を重点的に学習させるのか目標をもつことが大事です。
- 清書では，教師が書いた手本を視写してもよいでしょう。

【参考】　前任校1年生の「園児になりきり質問」の実践を参考にしました。

4 中学校・知的障害特別支援学級　国語
詩を作ってみよう

創作や表現活動が苦手な子供が，一人で，または仲間と協力して詩を書くことができる，特別支援学校学習指導要領中学部１段階の内容の指導。

（山田　明夏）

準備（教材）

教科書等掲載の詩・短冊型に切った紙・ペン・ホワイトボード・マグネット

主な内容

❶「詩」とはどんなものか，イメージをもつ（１時間目／５時間）

　単元の流れを示します。まずは「詩」のイメージをつかむために，子供たちにいくつか詩を読ませます。短い詩，長い詩，音の響きがおもしろい詩，比喩がたくさん入っている詩など，色々な種類の詩を用意します。授業の終わりには，「どの詩が好きか」を聞いたり，詩は自由に表現できるものであることを確認しておいたりするとよいです。

❷詩のテーマに沿って，一行だけ書いてみる（２・３時間目／５時間）

　「みんなで協力して，詩を完成させてみよう」と伝えて，教師から詩のタイトルだけを伝えます。例えば，「夏のうた」というタイトルです。子供たちに，一人一枚短冊型の紙とペンを配り，「夏といえば，で詩の一行を書いてみよう」と伝えます。どんなものでもいいことを伝えると，「あついな」

「スイカにかき氷」など
が書かれた短冊が集まり
ます。教師は出てきたも
のを黒板に貼っていきま
す。そして，出た順に音
読します。「一人一行」
が集まった，詩の完成で
す。子供たちに感想や，

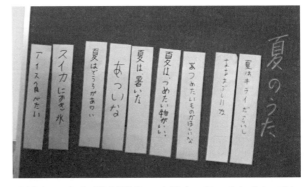

短冊の順番で変えたいところはないかなどを聞き，交流していくとよいでし
ょう。いくつかのテーマで作って遊んでみると慣れてきます。

❸個人またはチームで詩を作る（4時間目／5時間）

　2・3時間目で慣れてくると「一人で作ってみたい」という子もいれば，
「誰かと一緒のほうがいい」という子も出てくるので，個人かチームかを自
由に選べるようにして詩を書く活動に入ります。黒板に貼るよりも小さめの
短冊を用紙し，机上で扱えるようにすると作業がしやすいです。

❹お互いが作った詩を読み合い，交流する（5時間目／5時間）

　順番を決めて詩を発表し合います。教師は，「この行が好き！」「この気持
ちわかるなぁ」などと出てきた感想を，詩の近くに板書します。詩を展覧会
のように教室に掲示し，子供たちに自由に見せて，直接感想を書き込ませた
り，好きな行や表現のそばに「いいねシール」等を貼らせたりするのもよい
でしょう。感想が目に見えて残ると，子供も喜びます。

留意点

　テーマを選ぶのが苦手な子には，くじ引きでテーマを選ばせると楽しくな
ります。タブレット端末を使用して書くのも，修正がしやすく便利です。

小学校・知的障害特別支援学級　算数
重さをはかろう！

下学年の教育課程の子供が，「重さ」（小3）の学習内容を理解できるようにする指導。

（池田　康子）

準備（教材）

体重計（硬い床にセット）・記録表・はかり・パターンブロック・はかり用容器・ブロックを入れるグッズ（次頁写真）・クッキー用の袋・付箋紙

主な内容（7時間目／8時間）

❶体重は変わるかな？（20分）

表のポーズを一つずつ予想しては，実際にポーズをして確かめます。

ポーズ	しゃがむ	片足上げる	手を上げる	付箋紙	付箋紙
よそう	重い	軽い	変わらない		
正解	変わらない	変わらない	変わらない		

- **「予想は嘘よ」**：予想することが苦手な子供がいます。「予想」を反対から読んでみると，「うそよ」。予想は間違えてもよいと説明します。
- **予想させるのは一つずつ**：付箋紙を1枚ずつめくり進めることで，正答が増えます。既習の「粘土を変形しても重さは同じ」でまとめをします。

〈クッキー屋さんのグッズ紹介〉

はかり用容器
ペットボトルをはさみで切ったら，カラーテープでカバーし，安全面に配慮します。透明で中身が見えるうえ，軽いので子供でも扱いやすいです。

クッキー（パターンブロック：ラーニングリソーシズ）
同じ色でまとめて一つの容器に入れます。

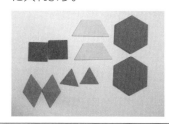

❷クッキー屋さんで量り売り（20分）〜正確にはかりで量る〜

　お店の場でエプロンをつけ，ブロックをクッキーに見立てて販売をします。「レモンクッキーを150gください」「いちごクッキーを185gください」等，同じクラスの仲間や教師が一人何役にもなって買いに行き，子供は実際にはかりを使って繰り返し重さを量ります。

- **繰り返し練習の場**：何度もやりたくなる場を設定することが大切です。
- **実体験**：体験を通した学習で「できた！」「わかった！」を実感します。

❸振り返り（5分）

　自分の言葉で，あるいは教師とやりとりしながら学習を振り返ります。

- **いつものキーワード例**：「わがとも」わかったこと・がんばって考えたこと・とてもおもしろいと思ったこと・もっと知りたいこと

留意点

　❶では教科書の問題に何度も挑戦ができるようにしました。❷ではブロックの微妙な重さの違いがあるため，ちょうどの重さになるお題を教師が作成し，カード化しました。❸は前任校の振り返りをもとに改編したものです。

【参考文献】　・是枝喜代治編著『発達段階に合わせてグッドチョイス！〈国語・算数〉基礎から学べる学習課題100』明治図書

6 中学校・知的障害特別支援学級　数学
棒グラフマスターになろう

手先が不器用な子でも棒グラフが作成でき，関心をもって読み取りや分析ができる，特別支援学校学習指導要領中学部1段階の内容の指導。

（山田　明夏）

準備（教材）

アンケート用紙・丸シール・パソコン・表計算ソフト

主な内容

❶ゲームをして，得点結果を表やグラフでまとめる（1時間目／5時間）

単元の流れを紹介します。まずは，「表やグラフにまとめると見やすい」ということを，子供に知ってもらいます。簡単なゲームをして，得点結果を表，そして棒グラフにまとめ，子供に提示します。表し方によって見やすさ，わかりやすさが変わることに気づかせます。子供に直接得点を書き込ませたりするのもよいです。

❷アンケート作りをする（2・3時間目／5時間）

「みんなが興味のあることを，友達に聞いて棒グラフにしてみよう！」と，今度は自分たちで棒グラフを作成することを伝えます。必要であれば，教師が見本を提示してから行うとよいです。アンケートのテーマは，子供の好きなものを選んでもらいましょう。子供は「人気のユーチューバーが知りた

い」「みんなの好きな季節を聞いて
みたいな！」など，それぞれ関心を
もって取り組みます。

❸アンケート調査に行き，数値を入力する（4時間目／5時間）

自分で作ったアンケート用紙を持
って，仲間に質問へ行きます。回答
はアンケート用紙に丸シールを貼っ
て回答してもらい，後で集計しやす
くします。あらかじめ用意しておい
た表計算ソフトに数値を入力すると，
グラフができあがります。上の写真
を参照してください。グラフがすぐ
に見えてくることで，子供は次々感
想を口にします。

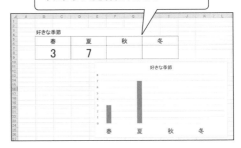

この表に集計した数字を入力します。下にグラフが反映されます。

❹調査結果の報告会をする（5時間目／5時間）

お互いの棒グラフを見せ合い，正しく結果を読みとり合ったり，感想やど
うしてそのような結果になったのか（分析）について話し合ったりする等，
交流をしましょう。そこから「もっと項目を工夫したかった」「次はこんな
ことを調べたい！」等，子供たちから意欲が出てくると次につながります。

留意点

今回は棒グラフの読みとりと分析に焦点をあてている内容です。グラフを
「手書きすることができることを目標にする」場合には，子供の実態に合わ
せて別の支援が必要となります。

7 中学校・知的障害特別支援学級　音楽
４拍リズムフェス！

音楽作りが苦手な子が，「リズムに乗る」「仲間と合わせる」簡単な活動で楽しんで学べる，特別支援学校学習指導要領中学部１段階の内容の指導。

（山田　明夏）

準備（教材）

ホワイトボード・ペン・メトロノームのような一定のリズムをきざむもの

主な内容

❶４拍子のリズムに言葉をあてはめて遊ぶ（１時間目／３時間）

　単元の流れを示します。音に合わせて，自由に言葉をあてはめて遊ぶことを伝えます。四拍子のメトロノームのような，音が一定の速さで流れ，四拍目に合図として他の音が鳴るものがあるとよいです（ピ，ピ，ピ，ポン……など）。最初は教師が見本を見せます。３文字の言葉を最初の三拍（ピの音）のリズムに合わせて言います。ポンのところでは，全員で手を叩きます。終わったら次の人が続けて他の言葉を言います。例えば，「い・ち・ご（ポン），う・さ・ぎ（ポン），く・る・ま（ポン）……」とみんなで交代しながら言っていきます。最後の人まで言えたら盛大に拍手をして盛り上げましょう。

　やっていくうちに，４文字，５文字の言葉でも「リズムに乗れる」ことに気づく子供も出てきます。「だ・い・こん（ポン）」「さく・らん・ぼ（ポン）」などです。うまく合う言葉が出たら，「リズムに乗っているね！」とほ

めながら進め，みんなで声に出して言ってみましょう。

❷グループごとに言葉を集めて音楽を作る（2時間目／3時間）

　1時間目の活動を，グループで行います。ホワイトボードを各グループに配り，リズムに乗れる言葉をメモさせます。選ぶ言葉は，自由でもよいですし，「動物の仲間」等とテーマを決めてもよいです。誰がどの言葉を言うのか，どの順で演奏するのかも考えながら練習していきます。

❸発表会（4拍リズムフェス）をする（3時間目／3時間）

　グループの発表順を決めてお互いの演奏を聴きます。フェスなので，演奏中に手拍子をしたり，4拍目は会場全員で手拍子を合わせたり，演奏後には盛大な拍手を送ったりすると盛り上がります。

留意点

　子供が最初の三拍に合わない言葉を出したとしても，まずは一緒に演奏してみて，リズムに合う・合わないを本人に感じとらせましょう。

8 小学校・知的障害特別支援学級　図画工作
おすし大会をしよう

色や形の違いに気づき，表したいことをもとに粘土や用具を使い，工夫して作品を作ることができる，特別支援学校学習指導要領小学部2・3段階の指導。

（池田　康子）

準備（教材）

　紙粘土白赤・粘土板・展示用容器・ぬれぞうきん・おすしの見本（写真・掲示用）・手順書・掲示用机上図

主な内容（1時間の流れ）

❶おすしの作り方を知ろう

　完成形を見せ，何を作るのかイメージをもたせます。「作ってみたい！」と思える題材選びを行います。

❷今日のめあて

　「どちらのおすしがおいしそう？」割れ目や凸凹のあるおすしと目指すおすし（ご飯やマグロの表面がなめらかなマグロのおすし）を比較します。

❸準備をしよう

　机上図のように，材料や道具を用意します。前に並べてあるところから順に取りに行き，机上に並べます。

❹おすしを作ろう～作り方と注意点～

　よくこねる⇒丸める⇒形にする⇒なめらかにするの手順を文字と写真で提

●一つのおすしの手順書例　　●机上図

4. でこぼこをなめらかにする

5.「できました」

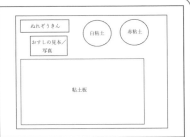

ぬれぞうきん	白粘土	赤粘土
おすしの見本／写真		
粘土板		

●展示例
和風皿に盛りつけるのがおすすめ

示します。なめらかにする方法を実際に試してみます。

　　A指でなでる　　　B粘土板上で転がす　　　C軽くトントン打ちつける

注意点：色を変える時には，ぬれぞうきんで手を拭きます。

ポイント：基本となる技術の指導をしたうえで自由な作品作りをしよう。

　「ご飯がおいしそうにできたよ」「凸凹がなくてなめらかでおいしそうだね。」なめらかにできたところを評価します。また，写真を見て「マグロはカクカクしてるね」等のよい気づきや気づきをもとにした作品を紹介します。

ポイント：何がどこまでできるのか／難しいのかを活動の中から見取ろう。

❺展示用器に入れて，片づける～準備も片づけも時間内に～

2時間目：バランスのとれた玉子のおすし　　4時間目：作りたいおすし

3時間目：海苔を薄くのばして軍艦巻き　　5時間目：鑑賞

留意点

- 1時間目は一つずつ確認しながら進め，全員が成功体験を積み上げます。
- 4時間目には，学び方の多様性に対応し，A手順書，B完成見本，C先生と一緒に，の中から学習の進め方を選んでもらいます。
- 活動だけで終わらず，一斉指導の中でも個別に目標設定をします。

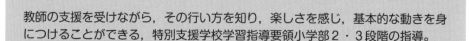

9 小学校・知的障害特別支援学級　体育
マット・跳び箱・平均台サーキット

教師の支援を受けながら，その行い方を知り，楽しさを感じ，基本的な動きを身につけることができる，特別支援学校学習指導要領小学部２・３段階の指導。

（池田　康子）

準備（教材）

　マット・跳び箱（ミニ・小・大・３台つなげたもの）・平均台（２種類～）・ケンステップ・縄跳びポールと縄・（回し手が確保できる）運動の場

主な内容（１時間の流れ）

⑴走行ムーブメントで準備運動（５分／毎時間）

　音楽に合わせて，バスケットボールコートの白い線を歩く，止まる，走る，前にジャンプ，高這い，ゆっくり歩く，ケンケンパ，横歩きをします。両足で着地することは，跳び箱にもつながります。メインの活動が器械運動なので，手首足首の柔軟運動を追加して行います。

⑵チャレンジ学習【大縄】（５分／毎時間）

　子供の実態に応じたコース（例：Ａヘビさん，Ｂその場で何回続けて跳べるかな，Ｃ８の字跳び）に分かれて練習します。ジャンプする位置は，カラーテープの□印や床の線を目印にさせます。３分間の８の字跳びの回数を数えます。年間通して記録することで，伸びが見られます。

⑶マット・跳び箱・平均台等のサーキット（30分／２か月８～10時間）

①個人練習（跳び箱開脚跳びの場合）

【３台の跳び箱】

またがり，両腕支持で前に進む（何回でゴールするか）。

【ミニ（両腕支持ができる子供）】

またがり，両腕支持で下りる（５回）。

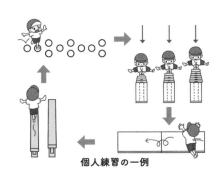

個人練習の一例

　　⇒ミニの前に立ち，両腕支持で跳び
　　　越える。

【小跳び箱（ミニを跳び越えた子供）】

手がずれる，手の位置が手前になる場合には，手の位置にカラーテープで印をつける。

　　⇒高さを高くしていく。

【大跳び箱】

走りはじめと踏切の位置にカラーテープで印をつける。

②発表会

この時間にできるようになったこと，見てほしい種目を一つ選んで一人ずつ発表します。頑張りを友達に見てもらうと拍手や称賛が自信となります。

⑷振り返り（５分／毎時間）

自分が頑張ったことや友達のよかったところを一人ずつ発表します。

留意点

- 一斉指導ですが，個人の実態に応じた目標を設定します。
- 年間通した帯単元と２か月単位の単元で構成し，確かな力をつけます。

第6章

12か月
個々に育む
自立活動の指導づくり

特別支援教育＝自立活動の指導とも言える指導の要所。大事にしておきたいことや指導例をポイント押さえて紹介します。

1 　学習指導要領の区分と内容

「自立活動」には六つの区分があります。この六つの区分は，子供の見取りから具体的な指導へとつなげることができます。

(増田謙太郎)

「1健康の保持」の観点での見取りと指導

　日常生活に影響を及ぼしている原因が「健康状態」にありそうな子供であれば，**「1健康の保持」**の観点が必要です。

　例えば，「昼夜逆転した生活をしてしまっている子供」が学校生活において何かしらのトラブルを起こしていたら，「1健康の保持」の観点で見取り，指導へとつなげていくことを考えます。具体的には，「生活リズムを整える」ことを目標としたり，「起床時間と就寝時間を毎日記録する」というような手立てをとったりすることが考えられます。

　さて，特別支援学級の子供の場合，「毎日記録をつけなさい」と指示するだけで，「生活リズムを整える」という目標は達成できるでしょうか。ちょっと難しいように思えます。

　「1健康の保持」の指導のポイントは，子供にとって無理がないようにすることです。子供や保護者と相談しながら「どうしたら自分で無理なく記録をつけられるようになるのか」を考えて，子供がやりやすい方法を手立てとしていきます。例えば，「記録用紙に書く」ことに無理がありそうだったら

※便宜上，区分1の「健康の保持」を「1健康の保持」というように表記します。

ICT を活用したり，「１時間早起きする」ことに無理がありそうだったら
「10分早起きしよう」という実現可能な目標を立てたりすることが考えられ
ます。

「２心理的な安定」の観点での見取りと指導

　日常生活に影響を及ぼしている原因が「気持ち」にありそうな子供であれ
ば，**「２心理的な安定」**の観点が必要です。学校生活のトラブルの原因が，
「情緒が安定しない」「不安な気持ちがある」「意欲がない」といった子供の
気持ちにあるのではないかと見立てることができれば，「２心理的な安定」
の自立活動の指導を行うとよいということになります。

　例えば，学習に対して意欲が低い子供がいたとします。意欲とは，やりた
いと思えるような気持ちのことです。特別支援学級の子供の中には，これま
での学習経験の中で「できない」という経験が積み重なってしまっているこ
とがあります。新しい学習活動に対して「できない」と思ってしまうので，
やる前から「やりたいと思えるような気持ち」が低くなってしまうのです。

　本当なら，子供の中から「やりたいと思えるような気持ち」が湧き上がっ
てくることに期待したいものです。でも，それが難しいから「２心理的な安
定」の指導が必要になるわけです。ですので，教師が何らかの手立てを講じ
て，子供の意欲を高めるようにします。授業の導入で，子供が興味をもちそ
うな話をしてから本題の学習に入るとか，「できなくても大丈夫だよ」と子
供が不安にならないような声かけをしたりすることが考えられます。

　また，子供が自分自身で意欲を高めるための方法を身につけていくことも
大切です。少しずつやれば自分にだってできる，自分に合った方法があれば
できるといった自分の特性に合った方法を身につけていくと，結果的には心
理的に安定して，学習活動に向かうことができるようになるでしょう。

「3 人間関係の形成」の観点での見取りと指導

　日常生活に影響を及ぼしている原因が「対人関係」にありそうな子供であれば，**「3 人間関係の形成」**の観点が必要です。良好な人間関係を築くことが難しい子供は，対人的なトラブルを起こしがちです。対人的なトラブルを起こすと，謝罪したり，反省をさせたりといった対応を学校ではよく行うでしょう。しかし，自立活動の「3 人間関係の形成」の観点で見取りを行えば，そのトラブルは，子供が「人間関係の形成」のために必要な知識や技能が身についていないと捉えることができます。そうしたら，「人間関係の形成」ができるようにするために，どのような指導をしていけばよいかという視点に変わります。

　例えば，人間関係の形成が難しい子供は，「この時は（Time）」「この場所では（Place）」「この場合には（Occasion）」といういわゆる TPO によって言葉を使い分けたり，態度やふるまい方を変化させたりすることが苦手なことがあります。TPO に応じたふるまいが理解できなかったり，うまくできなかったりするので，他者に誤解されたり，相手を怒らせてしまったりするのです。

　したがって，「3 人間関係の形成」の指導のポイントの一つとして「TPOを意識した指導」が有効です。「……の時はどうする？」「……の場所ではどうしたらいいと思う？」「相手が……だったら，どういうふうに話す？」のように具体的な場面と，その場面でのふさわしい態度や言葉を考えていく学習活動が考えられます。可能であれば，ロールプレイのように実際にやってみるのもよいでしょう。さらに，「なぜ，それがふさわしいのか」という理由を一緒に考えると，より理解が進みやすくなります。

「4 環境の把握」の観点での見取りと指導

　日常生活に影響を及ぼしている原因が，「身の回りの何か」にありそうな

子供であれば，「**4 環境の把握**」の観点が必要です。

　ここで言う「環境」は，山や川などの自然環境ではなく，もっと広い意味です。学校の教室，校庭，授業で使用する教材など，子供たちの「身の回りの何か」は全て環境です。子供たちはいろいろな環境に囲まれて過ごしていると言ってもよいでしょう。

　私たちは，環境を「ちょうどよい」状態にしたいものです。暑かったらクーラーをかけて部屋の中の温度（これも「環境」）を「ちょうどいい」ようにしたくなります。空気が乾いているなあと思ったら加湿器をかけて部屋の中の湿度（これも「環境」）を「ちょうどいい」ようにしたくなります。

　しかし，ここで問題となるのは「ちょうどいい」は人によって微妙に異なるということです。自分だけが部屋の中にいるのなら，それは自分の好きにできますが，集団でいる場合はそこに集まる人のだいたい平均値あたりで合意されます。ですので，集団の「ちょうどいい」は，ある人にとっては「全然よくない」ということがありえるのです。

　これを教室という「環境」にあてはめて考えてみましょう。ほとんどの子供にとっては，学習をするうえで「ちょうどよい」ようになっているはずです。しかし，ある子供にとっては「周りがうるさくて集中できない」「教室のにおいが耐えられない」「椅子が痛すぎる」ということがあるかもしれません。このような子供に「我慢して過ごしなさい」という指導は適切でしょうか。結果として不適応が起こりやすくなります。

　したがって，「**4 環境の把握**」の観点では，子供の不適応な状態を「それは環境によるものなのではないか？」と見取ることがポイントです。そのように見取ることができると，どのように自分と環境とを「ちょうどよい」ように調整するか，ということが目標になります。例えば，「イヤーマフを着けていれば，ガヤガヤした教室でも過ごせる」ということが理解できれば，この子供にとって，「イヤーマフを着ける」ことが環境を調整する方法になります。言い換えれば，「環境とうまく折り合いをつける」ことを学ぶのが「**4 環境の把握**」の指導です。

「5 身体の動き」の観点での見取りと指導

　日常生活に影響を及ぼしている原因が「身体的な機能」にありそうな子供であれば，**「5 身体の動き」**の観点が必要です。つまり，「身体がうまく動かない」ことがトラブルの原因ではないかという見取りになります。

　例えば，「リコーダーで指づかいがうまくできない」という子供がいたとします。この子供が指の機能的に「うまく動かすことが難しい」という状態であるならば，「5 身体の動き」での指導や支援を考えていくとよいでしょう。具体的に言えば，指の動きだけを取り出して練習してみたり，あるいはリコーダーそのものを子供が扱いやすいものに替えてしまったりするという手立てが考えられます。

　また，アクティブに動くことだけではなく，「静止する」「そのままじっとしている」という耐久を求められるのも「5 身体の動き」によります。すぐに離席してしまう子供は，もしかしたら「椅子に座り続ける」という身体の動きに課題があるのかもしれません。座っている椅子にシートを敷くなど，座りやすくする工夫を子供と一緒に考え，「これなら座っていられる」ということを理解できるようにしていくとよいでしょう。

「6 コミュニケーション」の観点での見取りと指導

　日常生活に影響を及ぼしている原因が「コミュニケーション」にありそうな子供であれば，**「6 コミュニケーション」**の観点が必要です。ここでは特に言語による「コミュニケーション」について取り上げます。

　特別支援学級の子供は「語彙が少ない」ために，他者とのコミュニケーションが成り立ちにくいということがよくあります。経験したことや自分の気持ちなどを，的確に他者に伝えるためには，それなりの語彙が必要なわけです。あるいは，他者の言っていることを理解するためには，話している語彙を正確に理解できないと，誤解を生じてしまうこともあります。

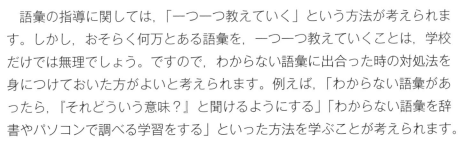

　語彙の指導に関しては，「一つ一つ教えていく」という方法が考えられます。しかし，おそらく何万とある語彙を，一つ一つ教えていくことは，学校だけでは無理でしょう。ですので，わからない語彙に出合った時の対処法を身につけておいた方がよいと考えられます。例えば，「わからない語彙があったら，『それどういう意味？』と聞けるようにする」「わからない語彙を辞書やパソコンで調べる学習をする」といった方法を学ぶことが考えられます。

　また，語彙の獲得には読書が有効な手段となります。本の読み聞かせをしたり，いろいろな本を読める環境づくりをしたりするとよいでしょう。

6区分を組み合わせて指導する

　六つの区分は代表的な要素であり，大まかに区分けされたものです。まずは，六つの区分で子供の見取りと指導を考えていくとよいでしょう。子供の実際として，どこか一つの区分にのみ該当するといったケースは少ないと思います。おそらく，いくつかの区分に該当するという子供の方が多いでしょう。

　ここで六つの区分を「相互に関連させる」という考え方が，特別支援学級の教師には必要になってきます。例えば，「この子供には『1健康の保持』と『2心理的な安定』を重点に置いて，学習活動を進めていこう」というようになります。

　また，六つの区分には，それぞれ三つから五つの細かく分かれた項目があります。その項目は全部で27ありますので，自立活動の内容は「6区分27項目」と言われます。

　実際の指導にあたっては，六つの区分で大まかに見取りを行った後に，それぞれの区分の下に示されている項目の中から，子供に必要とされる項目を選びます。そして，他の項目と「相互に関連させる」ことを考えていきます。これによって，子どもの実態に即した具体的な指導内容を設定することができるようになります。

2 個別の指導計画と指導内容

自立活動の視点を「個別の指導計画」に生かしていきます。

（増田謙太郎）

　自立活動に関する「個別の指導計画」の作成にあたっては，自立活動の学習指導要領にて手順の一例が示されています。ここでは，よりわかりやすく解説を加えていきたいと思います。

個々の子供の実態を的確に把握する

　特別支援教育では，個々の子供の実態（障害の状態，発達や経験の程度，生育歴等）を的確に把握する作業のことを「アセスメント」と呼ぶことが多いです。

　自立活動のアセスメントで大切なのは「教育活動に必要な情報」です。

　「昼夜逆転している」「授業中，不安になりやすい」「友達とうまく関係がつくれない」といった自立活動の6区分の観点で実態を把握すると，指導の手立てを考えやすくなります。

　また，「発達や経験の程度」をここで把握しておくと，貴重な情報になります。例えば，小学校1年生でひらがなを学習しますが，それ以上の学年になっていてもひらがながまだわからない場合，「ひらがな未習得」ということになります。このような子供には，「何かを書かせる」という指導の手立ては避けた方がよいことがわかります。

実態把握に基づいて指導すべき課題を抽出し，課題相互の関連を整理する

【Aさんの様子①】

口調が一方的な印象を受ける。そのため，荒々しい印象を周りの友達が抱いてしまうので，なかなかコミュニケーションがとりづらい。

　架空の子供の事例をもとに具体的に見ていきましょう。Aさんは「周りの友達とコミュニケーションがうまくとれない」というところに困っているようです。これはすなわち，Aさんの「課題」と言えます。

　しかし，この書き方だと，「どのように指導したらよいか」はわかりません。ですので，「指導すべき課題」の形で言い換えてみます。

【Aさんの「指導すべき課題」】

他者と話をする時の**基本的な話し方**等が身についていない。

　Aさんの様子から，「基本的な話し方」ができていないのではないかと推察しました。これだと，「基本的な話し方の指導」をするという具体的な指導の手立てが見えてきます。

　このように「子供の様子」と「指導すべき課題」が1対1対応だとシンプルでわかりやすいのですが，多くのケースではいくつかの複合的な要因が絡み合っていると思います。実はAさんも複合的な要因が考えられました。

【Aさんの様子②複合的な要因】

・口調が一方的な印象を受ける。そのため，荒々しい印象を周りの友達が抱いてしまうので，なかなかコミュニケーションがとりづらい。

・自分が何か困ってしまった場面になった時に，他者に援助を求めることができなくて，イライラした様子になることが多い。

いくつかの複合的な要因が考えられる場合は，「課題相互の関連を整理する」という作業を行っていきます。

【Aさんの「課題相互の関連を整理する」】

　困ったことに直面した時に，他者に援助を求める方法を身につけていないことで，次第に気持ちが落ち着かなくなる状況が生まれている。また，気持ちが落ち着かなくなった時に，その状態を収める方法を身につけていないため，他者に対して荒々しい行動になっている。したがって，**伝えたいことを整理して話したり，基本的な会話の方法を身につけたりする**ことで，困った状況になることや，荒々しい行動に及ぶことが減少するようにしていきたい。

　このように整理していくと「指導すべき課題」がはっきりとしてきます。

個々の実態に即した指導目標を明確に設定する

　「指導すべき課題」を「指導目標」の形に言い換えていきます。

【Aさんの指導目標】

伝えたいことを話す時に，伝えたいことを整理しようとする。

　「指導目標」は，一定の指導期間内で実現可能な目標を立てることが求められます。1学期間，1年間など，実際に指導できる期間で実現可能な目標を立てるようにしましょう。

自立活動の内容の中から必要な区分を選定する

　「指導目標」が，自立活動の六つの区分のどれに該当するのかを考えます。

ここでのポイントは，「選定する自立活動の区分は一つだけでなくてもよい」
ということです。

　「伝えたいこと話す時に，伝えたいことを整理しようとする」という指導
目標は，パッと見た時に「**６コミュニケーション**」に該当すると考えられま
す。しかし，「緊張してしまうから，伝えたいことが整理できない」という
ようであれば，「**２心理的な安定**」の指導が必要かもしれません。「１対１な
ら話すことはできるけれど，集団になってしまうと難しい」というようであ
れば「**３人間関係の形成**」の指導が必要な可能性もあります。

選定した区分を相互に関連づけて具体的な指導内容を設定する

> 【Ａさんの具体的な指導内容】
> 相手に伝えなければならない事柄を「いつ」「どこで」「どうした」のよ
> うに項目ごとに順番に話すようにする。
> →国語，算数の時間には「話型カード」を用意する。

　学習活動を考える時に「何をやるか」に目が向きがちです。しかし，自立
活動では学習活動に対して，「どのようにやるか」を考えていくことがポイ
ントです。国語や算数といった内容が決まっている教科の学習でも，例えば
「話型カードを使う」というような「どのようにやるか」を個別の指導計画
に明示していくとよいでしょう。

指導アイデア1
学習活動に参加できるようにしよう

「学びやすく」「信頼してもらえるようにする」ために指導の工夫を行います。

(増田謙太郎)

子供の様子

　ヒバリさんは，3年生の時に通常の学級から特別支援学級に転学してきました。これまで学習活動に対して「できない」という経験がたくさんあったのかもしれません。体育など，みんなでやる学習活動には参加するのをためらいがちです。「みんなもやっているよ。大丈夫だから，やってみよう」と声をかけても，みんなと一緒の学習活動にはなかなか参加しようとしません。

関連する自立活動の区分と項目

2 心理的な安定(3)障害による学習上又は生活上の困難を改善・克服する意欲に関すること

3 人間関係の形成(3)自己の理解と行動の調整に関すること

実践内容

　体育の授業では，簡単にできる運動から，少しずつ難易度を上げていき，最後に目標が達成できるようにしてみました。例えば，「前転」の運動では，

まず自分の身体を腕で支える「うでたて」の姿勢がとれるようになることから始めます。それができたら，学習カードにシールを貼り，教師と一緒に「できた！」と喜びます。

　他の子供も同じように取り組みますので，みんなで「できた！」と喜びが共有できる場面が体育の時間に増えるようになりました。ヒバリさんも，その輪の中に入り，運動を頑張れるようになってきました。

体育　学習カード

前転（ぜんてん）

①うでたて	
②手押し車（てぉぐるま）	
③3点バランス（てん）	
④手押し車から前転（てぉぐるま ぜんてん）	
⑤ひとりで前転（ぜんてん）	

この指導のポイント

　ヒバリさんは，やや発達が遅れている面があります。これを「一次的な障害」だとすると，周りの友達と比べて「できない」ことで自信をなくし，学習活動に支障を来たしてしまっている状態は「二次的な障害」とみることもできるでしょう。

　「二次的な障害」がみられる子供に対しては，「学びやすくする」「信頼してもらえるようにする」ことがポイントです。少しずつ難易度を上げていくという学習活動は，ヒバリさんが学習活動に参加できるハードルを下げたものであり，「学びやすくする」ものであると言えます【自立活動2(3)】。

　また，周りの友達と喜びを共有できるようにすることは，仲間を「信頼してもらえるようにする」ことであると言えます【自立活動3(3)】。

4 指導アイデア2
場に応じて自分の行動を
調整しよう

「具体的でわかりやすい」基準から行動を調整するために指導の工夫を行います。

(増田謙太郎)

子供の様子

　ツバメさんは，その場に応じて，自分の行動を調整することが難しい様子がみられます。校外学習の際に，電車の中で大きな声で話してしまったり，見学場所で走り回ってしまったりすることがありました。そのつど，「もう少し静かにしましょう」「ちゃんと見学しましょう」と声をかけているのですが，なかなか行動が改善されません。

関連する自立活動の区分と項目

2 心理的な安定(2)状況の理解と変化への対応に関すること
4 環境の把握(5)認知や行動の手掛かりとなる概念の形成に関すること

実践内容

　ツバメさんにとって，「具体的でわかりやすい」基準を示すことにしました。日常的には，教室に「こえのものさし」の掲示物を貼り，授業中や休み時間などいろいろな場面ごとに，「今は1の声で話しましょう」「発表の時は

4の声で話しましょう」のように，声の大きさを数値化して示すことにしました。教室に掲示しておき，日常的に「こえのものさし」を意識できるようにしました。これが定着してきたので，「電車の中では0の声」と声かけすると，ツバメさんも理解することができました。

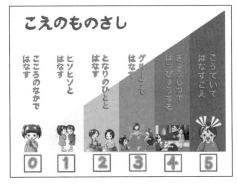

また，校外学習の事前指導では，ロールプレイを行ってみました。「電車の中ではどう過ごしたらよいかな」「見学施設ではどのように見学したらよいかな」というように，その場所での適切な行動の見本を教師や周りの子供が表現するようにしました。実際に行動の見本があることで，どのように振る舞えばよいかがわかりやすく理解できたようでした。

この指導のポイント

　これまではそのつど行っていた指示や注意を，「自立活動」の視点から，子供の力につながるように見直した事例です。

　ツバメさんは，周囲の状況が変化しても，それに対応することが苦手な子供だと考えられます。ですので，公共の場で年齢相応に行動する力が育ちにくいことがあります【自立活動2(2)】。

　また，「もう少し」「ちゃんと」という抽象的な言葉は，意味内容にだいぶ幅があります。「『もう少し小さい声』って，いったいどれくらいの声？」「『ちゃんと』って，どのくらいなの？」とツバメさんがイメージしにくいことが考えられます【自立活動4(5)】。

　自立活動の視点があると，指示や注意に依存することなく，教師側の指導の在り方を見直すことにもつながります。

指導アイデア3
気持ちを落ち着ける
学習をしよう

クールダウンの仕方を理解してもらうために指導の工夫を行います。

（増田謙太郎）

子供の様子

　カモメさんは，自分の思った通りにならなかったり，友達に自分の気持ちがうまく伝えられなかったりすると，大きな声を出してパニックになってしまうことがあります。その時に，近くにいる人を叩いたり，物を投げたりする行動が見られます。興奮が収まると，自分の行動を振り返って反省したり，迷惑をかけた友達に謝ったりすることはできます。

関連する自立活動の区分と項目

2 心理的な安定(1)情緒の安定に関すること

実践内容

　カモメさんが，気持ちが落ち着かなくなってしまった時のために，クールダウンできそうな場所をあらかじめ決めておくようにしました。カモメさんが落ち着いていて，調子がよさそうな時を見計らって，「もし，カーッとなったら，ここで落ち着くようにしようね」と声をかけ，実際に練習（リハー

サル）を何回かしてみました。カモメさんも，「ここなら落ち着けそう」とクールダウンの方法に賛成しました。

　学級の子供たちには，「カモメさんは，落ち着くための学習を頑張ることにしました。ここはカモメさんが落ち着くための場所にするからね」と，クールダウンについて事前に了解を得ておきました。

　さて，実際に気持ちが落ち着かなくなってしまった時，最初のうちは，教師がクールダウンの場所まで連れて行って，しばらくはカモメさんの様子を見ていることが必要でした。しかし，何回か回数を重ねるうちに，カモメさん自らクールダウンの場所に行くようになり，その後，自分で落ち着いたら，自分の席に戻ってくることができるようになってきました。

この指導のポイント

　何かあった時の対応ではなく，予防的に対応を考えるという事例です。気持ちが不安定になりやすく，そのために危険な行動をしてしまう子供に対して，「どうしたら安心できるか」を考えていくことがポイントです【自立活動2(1)】。

　最初のうちは，教師が「クールダウンの場所に行きましょう」と指示をすることが必要ですが，経験を積み重ねていく中で，子供自身が「クールダウンの場所に行けば気持ちを落ち着かせることができる」ということを実感できるようにしていきます。つまり，子供が「自ら落ち着くことができるようになるための方法を学ぶ」という視点をもつことが，「自立活動」の指導なのです。

　また，事前に周囲の友達に対して配慮している点もポイントです。個々への指導の際には，周りとの調整も必要となります。

第7章

12か月
「個別の指導計画」の
活用ポイント

「個別の指導計画」の作成，評価，引継ぎまで，活用のポイントを押さえておきましょう。

1 個別の指導計画の活用のポイント

個別の指導計画は「A-PDCAサイクル」を回すことがポイントです。絶えず見直し，より子供の実態に合った個別の指導計画にします。

（米内山康嵩）

　いきなりですが，皆さんは，オーダーメイドの服を注文したことがありますか？　作る際には，体の寸法を丁寧に測り，素材やスタイルなども本人の希望に添うようにしていきます。実は個別の指導計画も同じような考え方がもとになっているのです。

　平成29年に改訂された学習指導要領において，個別の指導計画は「教育課程を具体化し，障害のある生徒など一人一人の指導目標，指導内容及び指導方法を明確にして，きめ細やかに指導するために作成するもの」と定義されています。個別の指導計画はまさに，障害のある子供のためのオーダーメイドの教育プログラムなのです。

　そして，ここで一つポイントとなるのは，誰であっても，ある子供のために作られた個別の指導計画を見た際には，共通理解をすることができるということなのです。

　仮にAさんとしましょう。「Aさんの課題は○○で，それを達成するために□□という目標を立てて，△△という手立てで指導を進めていく」という一連の流れが見えるものが個別の指導計画です。

　指導計画の作成のポイントについて，海津（2017）は，以下の10点について述べています。

表1　個別の指導計画の作成のポイント

①子供主体の目標である ②肯定的な目標である ③目標一つにつき，一つの要素にしぼられている ④観察および評価可能な目標である	目標の設定に かかわること
⑤条件が示されている ⑥基準が示されている ⑦子供の強い力を利用できている ⑧課題の順序が適切である ⑨手立ての量が適切である	手立ての設定に かかわること
⑩必要に応じて，計画の見直しや修正を行う	A-PDCA サイクルに かかわること

　個別の指導計画の活用ポイントは，PDCA サイクルを絶えず回していくことにあるのですが，あえてこの PDCA サイクルの中心に，アセスメントの A を加えた A-PDCA を今回提案したいと思います（図1）。それだけ，このアセスメントが重要だと私は考えています。

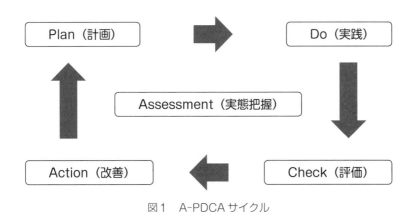

図1　A-PDCA サイクル

【参考文献】
・文部科学省『中学校学習指導要領（平成29年告示）総則編』
・海津亜希子著『個別の指導計画作成と評価ハンドブック』学研プラス

2 実態把握から 計画を作成するポイント

実態把握を多面的に行うこと，複数の目を入れることで，アセスメントの精度が上がり，より適切な個別の指導計画が作成できます。

（米内山康嵩）

実態把握（アセスメント）は個別の指導計画を作成するうえで最も大切な過程になります。実態把握が不十分であれば，どこかピントがずれたような指導計画になってしまいますし，逆に実態把握を上手に行うことができれば，個別の指導計画に結びつけることはそれほど難しくないとも言えるでしょう。

では，支援に生きる実態把握（アセスメント）はどのように進めていけばよいのでしょうか。実態把握は，主に三つの観点から行われます。一つ目は，「多面的な情報収集」，二つ目は「行動観察」，三つ目は「知能／発達検査」です。

以下，一つずつ確認します。

「多面的な情報収集」は，主に保護者などからの聞き取りになります。「主訴（困っていること）は何か（例：漢字を書くのが苦手，友達とのコミュニケーションがうまくとれていない）」「生育歴（例：歩き始めはいつか，はじめてしゃべったのはいつか）」「教育・相談歴（例：幼稚園・保育園での様子はどうだったか，発達支援センターなどに相談したことはあるか）」「家庭での様子（例：食事や睡眠の状況はどうか，身の回りのことを自分でできるかどうか）」などを確認します。

「行動観察」は，観察者の主観的把握による情報収集になります。観察す

るにあたっては，学習面，行動面・コミュニケーション面に分けて記録するとよいでしょう。

学習面では，「指示の理解（例：教師からの指示を聞いて，行動に移すことができるかどうか）」「板書をノートに写す様子（例：頻繁に黒板とノートとを見比べる，他の子供と比較して時間がかかる）」「手先の器用さ（例：はさみやのりを上手に使えているか）」「体の動かし方（例：縄跳びが上手に跳べるか，相手に向かってボールが投げられるか）」「姿勢の保持」「机上やロッカーなどの整理整頓の状況」などを確認するとよいでしょう。

行動面・コミュニケーション面では，「衝動性や注意のそれやすさ（例：いきなり立ち上がってしまう，教師が話をしている際に窓の外を眺めている）」があるかどうかや，「友人や教師との会話の仕方やかかわり方（例：一方的に自分のしたい話をしていないか，話題に偏りがないか，敬語は使えているか）」などについて情報を収集していきましょう。

行動観察の際に注意が必要なのは，主観と客観を分けて情報収集を行うことです。例えば，「○○さんは，授業中眠たそうだった」という情報について考えます。「眠たそうだった」というのは，その観察者の感じ方＝「主観」です。他の人とは「眠たそうだった」かどうか判断が分かれてしまう可能性があります。では，「○○さんは，**授業中あくびを何回もしていて**眠たそうだった」ならどうでしょうか。「あくびを何回もしていて」という行動＝「客観」的な情報があれば，判断が分かれることも少ないでしょう。

「知能／発達検査」は，次節で触れたいと思います。

アセスメントの精度を上げていく際に大切なことは，「複数の目を入れること」です。アセスメントのたくさんの情報をまとめて，そこから子供の全体像を捉えていく際に，いくら力量のある教師だとしても，個人で見取れることには限界があります。そこで複数の目を入れることで，今までは気づけなかった意外なポイントに気づくことができたりするのです（だから，ケース会議が行われるのです）。

3 計画から具体的手立てを導くポイント

知能検査などから得られた情報を読み解き，本人の得意な認知特性や願いから具体的な手立てを導くことで指導の効果が高まります。

（米内山康嵩）

　子供の実態から，支援の目標を考えていきますが，何でもかんでも取り組んでみるのは避け，優先順位をつけて取り組むことが重要です。その際に気をつけることは何でしょうか。

　私は，優先順位を考える際には，大人の考えだけでなく，子供本人の思いや願いを取り入れることが重要だと考えていて，そうすることで支援の際に効果が表れやすいのではないかと思っています。

　別の言い方をすると，室橋（2019）が指摘するように，子供と「共同戦線を張る」ことを目指す方向性です。子供本人の立場に立ってみた時に，いくら課題だからといって，苦手なことばかり取り組むことは辛いですよね。「もし，○○さんだったら，どうだろうか」と子供目線で考えていくことが，支援者の姿勢として強く求められていると思います。

　知能検査では，子供の知的能力水準や，認知特性（視覚的・聴覚的な情報の受け取り方）について情報を得ることができます。そして，その情報をもとに指導の手立てを考えていくことによって，より適切な指導・支援につなげることができます。ここで大切にしたいのは，本人の得意な認知特性を指導の手立てに結びつけることです。大人でもそうですが，苦手な課題に取り組む際に，苦手な認知特性からアプローチをしても，うまくいかないことが

多いです。本人が得意とする認知特性を把握して，それを手立てに生かして
いきたいものです。（余談ですが，検査は受ける本人やその保護者の利益に
ならなければ意味がありません。検査をしても，それが指導や支援に生かさ
れなければ，本当にもったいないです。読者の皆様には，すぐには難しいか
もしれませんが，ぜひ検査結果の読み取り方を学んでいただけたらと思いま
す。）

　なお，「知能／発達検査」について，どのような種類があるのかや，どの
ような側面を評価できるのかなどの，検査の詳細については他の文献などを
参照していただきたいのですが，主な「知能／発達検査」には以下のような
ものがあります。

表　主な知能検査・発達検査について

知能検査	発達検査
WISC-Ⅳ（WISC-Ⅴ）	新版K式発達検査2020
KABC-Ⅱ	
田中ビネー知能検査Ⅴ	乳幼児精神発達診断法
改訂版　鈴木ビネー知能検査	（遠城寺式，津守・稲毛式）

　前項で触れた実態把握の三つの観点はそれぞれとても大切です。どの観点
もそれぞれの性質上，長所と短所（限界）があります。どれか一つの観点に
偏ることなく，バランスよく情報を収集しつつ，総合的に判断し，子供の実
態像を浮かび上がらせることが重要だと考えられます。

【参考文献】
・室橋春光著「土曜教室論」札幌学院大学心理学紀要，2019

4 実践と評価を行うポイント

個別の指導計画は一度作成したら終わりではなく，子供の実態把握と指導の手立てを見返し，より精度を上げていくことが重要です。

（米内山康嵩）

　実践を行ううえでは，１節で取り上げた「A-PDCA サイクル」を回していくことが重要です。

　対象となる子供のアセスメント（Assessment）を丁寧に行ったうえで，どのような課題があるかを洗い出します。そこから，どのような目標を立てて，それに応対する取り組むべき課題を考えます（Plan）。そして，実際に指導を行い（Do），その指導によって当初想定していた成果が得られたかどうか，もし成果が得られなかったとしたらどこに原因があったかを評価し（Check），その評価に基づいて，次の指導に向けて改善していく（Action）の流れになります。大切なことは，繰り返しになりますが，個別の指導計画は一度作成したら終わりではなく，それを絶えず見直す（できれば複数の目で）ことで，より子供の実態に合った個別の指導計画が作成でき，活用に値するものになるということなのです。

　また，目標を設定したら，なかなか成果が出なくても，一定期間取り組むことが重要です。もし，短期間（１〜２週間程度）でやめてしまうと，もしかしたら子供が目標を達成できたかもしれない可能性を自ら排除してしまうことになってしまいます。

　そして，ここで考えていただきたいのは，「成果が出なかったのはなぜか」ということです。目標の設定が適切ではなかった可能性もあるかもしれませ

ん。それとも、実態把握が不十分だったのかもしれません。その理由を
A-PDCA サイクルに沿って検証することは不可欠だと考えます。

　また、評価についても、先に引用した海津（2017）が指摘しているように、
評価可能な目標が設定されていることが前提になります。目標には２種類あ
り、おおよそ１年をスパンとして設定する「長期目標」と、１か月～１学期
をスパンとして設定する「短期目標」があり、両者の関係は以下のようにイ
メージするとよいかもしれません。

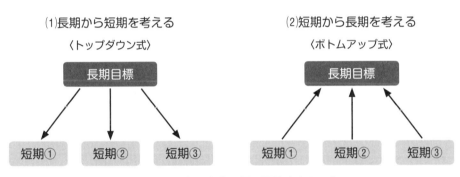

図1　長期目標と短期目標の関係（イメージ）

　長期目標・短期目標を立てる時に、具体的な評価のポイントを設定してお
くことも重要です。海津（2017）に倣えば「観察および評価可能な目標」で
あることが前提となります。例えば、「小テストで新出漢字が７割書くこと
ができる」「席を離れる際に、絵カードなどで教師に合図をすることができ
る」のような目標であれば、どの教師が見ても観察および評価可能ではない
でしょうか。

　また、評価は次への見直しとセットになることが重要です。あらかじめ、
今はどの段階までできているのかを確認し、次のステップはどこに設定する
のが適切なのかを想定しながら、指導を進めていくことで、一貫性のある指
導につながっていくのではないでしょうか。

5 引継ぎに活用するポイント

引継ぎ先が指導を始める際に戸惑わないように，子供の現状（実態把握）と今後の見通しを伝え，アフターフォローを行うことが大切です。

（米内山康嵩）

個別の指導計画を引継ぎに活用するためのポイントは，下記2点です。

①現時点までの取り組みと今後の見通しについて明確にしておくこと
②アセスメントした内容を更新・整理しておくこと

①は先ほども述べましたが，現時点で指導していることが，長期目標から見直した時に，どの地点にあるかは大切な情報になります。いわゆる「中1ギャップ」のように，学校段階が変われば，一時的に子供本人の状態像が変化する（変化したように見える）ことはあり得ることだと思います。ただ，引継ぎの際にどこまでの段階が達成されていたかを情報共有しておくことで，引継ぎ先がとまどうことは少なくなるでしょう。

また，新学期開始当初は，引継ぎ先の学校で実態把握を再び行うことになると思いますが，「まず，取り急ぎ何をやったらよいか」が見えていないと不安になるでしょうし，やみくもに何でもかんでも試してみようとするのは，子供の負担にもつながってしまうのではないかと思います。

具体的には，「現段階ではおおよそこの段階まで到達していると思われる」。だからこそ「まずはこの課題に取り組んでみよう」となり，「目指すべきゴールは○○だ」という流れです。

これによって，個別の指導計画を介した「指導の一貫性」が保たれるのではないかと思います。

　②については，アセスメントは一度したら終わりではなく，定期的にブラッシュアップしておくことが大切です。学習面および行動・コミュニケーション面が本人の実態とずれていないかどうか見直してみましょう。

　また，引継ぎの際に，よく話題に挙がるのが，主観的な情報（その教師の思いや考え）と客観的な情報（行動観察や各種検査で得られた情報）とがごちゃまぜになってしまっていることについてです。

　引継ぎ資料で，「□□について頑張っている」「○○について取り組んでいる」といった記述がみられることがありますが，目標が達成されたかどうか判断に迷ってしまうような表現は避けなくてはいけません。

　先に例として挙げたように，他の教師や支援者が見ても，同じように判断できることが重要です。共通理解を図ることができる，共通言語になりうる個別の指導計画を作成することが，私たちに求められていると思います。このような点に配慮された個別の指導計画は，引継ぎ先にとっても有益なものになるでしょう。

　ただ，先程も述べたように，子供の実態がずれてしまうことは起こりえます。そこで，私が大切だと考えるのは，「アフターフォロー」です。子供の情報を，次の学校段階等に引継いだ時点で一旦は終わりとなりますが，引継ぎ先からの問い合わせ等があれば，それに対して丁寧に対応することが大切だと思います。

　特別支援教育では，他機関との連携の重要性が謳われていますが，一つ一つの積み重ねが引継ぎ先からの信頼を得ることにつながります。それが最終的に自分に様々なかたちで返ってきて，実践力の向上に結びつくのではないでしょうか。

第8章

1〜3月
みんなで育てる
連携・引継ぎポイント

子供にかかわる全ての人と連携し，来年度か
かわる担当者への引継ぎを準備していきます。

1 交流学級担任との連携ポイント
～日頃のコミュニケーションを積極的に～

特別支援学級担任と交流学級担任が密にコミュニケーションをとっていると，活動に関する情報の漏れがなくなり，子供の安心感につながります。

（中田　駿吾）

交流の目的と日常の過ごし方を資料で共有する

　交流学習の目的を校内で確認することで，交流学級担任と特別支援学級担任の意識のずれを少なくすることができます。また，座席やロッカーの位置，教室に行く時や支援学級に戻る時にどのようなやりとりをするかなどのチェックリストを作成し，職員全体で確認しておくと安心です。

1日の予定を確認し，安心して交流学習を進める

　交流学級の時間割を確認し，特別支援学級児童の1週間の時間割に反映させます。子供と保護者の両方に，交流学習の予定も含めた翌週の予定を配付することで，見通しをもって翌週を迎えることができます。

　時間割の変更は子供に不安を与えることになるので，できるだけ起こらないように事前に担任間で調整します。それでも，急な予定変更が必要になった場合は，交流学級担任からすぐに連絡をもらい，子供に伝えられるよう対応を決めておきましょう。また，交流学級の朝の会に参加する時に，子供が時間割表を持って行き，「交流の予定は合っていますか？」と聞けるようになると，より確実に予定を把握することができます。

令和　年4月
交流委員会

令和　年度交流および共同学習計画

1　交流及び共同学習の目的
- 個別支援級での学習をもとに、より多くの児童と活動することによって経験を広める。
- 個別支援級児童への正しい理解のもとに、他者へのあたたかな思いやりや関わり方、豊かな人間性を育てる。
- 互いに助け合い、共に社会の一員として支えあって生きていく態度を育てる。

交流級担任へのお願い
- 交流は、子どもの実態に合わせて、個別級担任と交流級担任が参加の体制を相談する。
- 交流教科は基本的には決まっているが、単元や活動内容によって参加の仕方が変わる。
- 交流級の朝の会に参加し、その日の交流予定を確認する。
  「〇〇先生、おはようございます。今日の予定は～であっていますか？」
- 朝の会が終了したら、4・5組に戻る。
  (戻るタイミングで、交流級担任から声をかけてもらえると有り難い　例:「いってらっしゃい」)
- 交流授業の開始前に交流級の子どもが個別級に迎えにきてくれると安心する児童がいる

(3)内容例及び方法（児童の実態に応じて、交流のさせ方を合理的に配慮する。）
 朝会・集会
- 朝会、集会は交流級で並ぶ。
- 朝会、集会のあと交流級の朝の会に参加する。

時間割 No.1　　そらいろのたね
さん

月の時間	日（月）	日（火）	日（水）
朝の時間 8:25～8:40	読書（交流級）	朝会（交流級）	国際スキル（交流級）
1	朝の会	朝の会	朝の会
8:45～9:30	朝の運動	読み聞かせ	朝の運動
2	国語	国語	外国語
9:30～10:15			
3	道徳	体育	算数
10:45～11:30		マット運動	
4	算数	算数	国語
11:30～12:15			
給食	あり	あり	あり
5	理科	社会	理科
1:35～2:20	5-2	5-2	5-2
6	クラブ	総合	
2:20～3:05			
下校	15:15	15:15	14:10
	・うわばき		

特別支援学級担任も学年団の一員

　交流学級の予定が変更になった時に，すぐに特別支援学級担任に情報が入ってくることが重要です。特別支援学級担任も交流学級の担任団の一員だという意識が職員間にあると，情報の漏れが少なくなります。そのような関係を築くポイントを三つ紹介します。

①年度当初の学年集会で特別支援学級担任も自己紹介する。

②学年行事の際には「一緒に手伝えるものはありませんか？」と声をかけ，
　打ち合わせや事前準備に可能な範囲で参加する。

③登下校時や休み時間などで，交流学級の子供たちと積極的にかかわる。

　「〇〇先生も△年生の担任の先生なんだ」という意識が子供にも大人にも生まれることで，学年で活動を進める際の連携が密になります。特別支援学級担任も，校外学習などの活動時には，積極的にかかわりましょう。他にも，職員室の特別支援学級担任の机を中央付近にすることで，各学年の声が耳に入ってきて，「今お話しされていた校外学習のことですが……」とすぐに反応することができます。職員室の机の配置が決定される前に一度相談してみるとよいでしょう。

2 保護者支援のポイント
～共に汗をかき，
子供の「育ち」を見守る関係づくり～

普段から子供の「頑張り」「成長」を伝えることで，保護者も前向きに子供の支援について考えることができます。

（中田　駿吾）

子育ての悩みに寄り添い，協力関係を築く

　保護者の中には，子供へのかかわりや子育てについて，悩みや不安を抱えている方もいます。まずは，日々の連絡帳や電話連絡などで，子供の「頑張り」や「成長」「困り感」を共有し，一緒に力を出し合い，子供の育ちを支える関係を築いていきましょう。保護者連絡は，何か問題が起こった時だけではなく，子供のよい面を伝える機会として増やしていくことが「関係性」を築くうえで大切です。GIGA スクール構想の推進により，保護者との双方向のコミュニケーションがとりやすい環境になりました。効果的に活用しましょう。ポイントは，学校と家庭のどちらかに責任を押しつけるのではなく，お互いが力を発揮できるところで役割分担することです。

　また，子供の特性や，実際にどのように子供とかかわるとよいのか，ヒントがほしいと思っている保護者もいます。学級通信や面談などを通して，「学校での子供とのかかわり」「特性の理解と基本的な対応」「余暇活動（放課後デイサービス）」などのテーマで情報発信してくこともよいでしょう。必要に応じて，特別支援教育コーディネーターを通じ，学校カウンセラー（SC）やスクールソーシャルワーカー（SSW）などを紹介することも有効です。

4・5組の教室
をのぞいてみま
しょう。

それぞれが集中できる環境でじっくり取り組んでいます。
（個人・グループ・集団）

算数　鉄棒

みんなで助け合うのがよい仲間！

ボール　漢字　給食　絵

4・5組は…

将来（大人になったとき）の自立（立派
にはたらける人になれるように）に向け
て，自分のできることを増やしたいと，
がんばっている子のクラスです。

子供の「幸せ」を一緒に考える

　中学校に進学後，間もなく卒業後の進路について考えることになります。
面談や懇談会を通じて，小学校段階から子供の将来像や「本人も周りも幸せ
な人生」について，イメージをもてるようにしておくことも大切です。最近
では，発達障害を抱える子供の進路も多様化しています。中学校担任とも連
携し，正確な情報を提供できると保護者の信頼も高まります。

特別支援学級への正しい理解を促す

　「特別支援学級はどんな学級で，どのように子供たちが生活しているか」実
際に教室での様子を見てもらうとよいですが，見学の機会を設定することが
難しい場合もあります。保護者への説明資料を準備しておくと，伝える内容
が整理されます。上の資料は特別支援学級を紹介するためのスライド資料の
例です。「どのような力をつけるために特別支援学級で学んでいるのか」「具
体的な支援と環境整備」「子供の成長」が伝わる内容を意識するとよいです。

3 専門機関との連携ポイント
〜「チームとしての学校」の仲間づくり〜

学校での子供の支援に力を貸してくれる専門機関がたくさんあります。お互いを
よく知り，得意を生かすことが子供の育ちを支えます。

（中田　駿吾）

　子供の支援を担任一人で抱え込まず，学校全体，さらには学校外の専門機
関も生かしていくことが大切です。チームとしての学校を機能させるために
は，「チームにはこんなメンバーがいる」「この問題は，この人が得意」など，
誰がどんな力を発揮できるかを知り，協力関係を築いてくことが重要です。

❶学校カウンセラー（SC）とスクールソーシャルワーカー（SSW）

　子供・保護者・教師を対象に，教育相談に応じてくれます。心理の専門家
である SC は，心理カウンセリングにより子供や保護者の「心のケア」を担
当します。福祉制度の専門家である SSW が「環境のケア」を担当し，関係
機関との橋渡しをしてくれます。

❷「専門家チーム」による「巡回相談」

　自治体によって，その活用方法や拠点組織に違いはありますが，専門性の
高い専門家（教育委員会の職員，医学・心理学・教育等の専門家）が学校か
らの求めに応じて指導・助言をする制度として「巡回相談」があります。

❸センター的機能としての特別支援学校

　障害に対する高い専門性を有する特別支援学校が，その専門性を生かし，

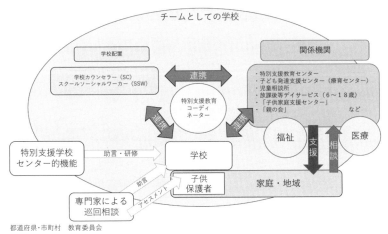

文部科学省 HP「『チームとしての学校』の在り方」を参考に中田が作成

以下の内容を中心に，地域の小・中学校を支援してくれます。

- 発達障害のある子供への支援・指導に関するアドバイス
- 地域の教師や保護者を対象に，特別支援教育への理解を深める。

❹地域にある様々な専門機関

　地域には，子供や家庭を支える福祉サービスや専門機関が数多く存在します。上の図にいくつかの機関を挙げていますが，都道府県によって，名称や役割も異なるため，校内の特別支援教育コーディネーターや管理職に確認をとるとよいです。

　また，外部機関と連携をとる際には，必ず保護者の了承が必要です。子供の成長の様子を多面的に把握し，正確にアセスメントすることが，今後の有効な支援につながることを保護者に説明し，了承を得るようにしましょう。

【参考資料】
- 厚生労働省 HP「関係機関との連携」
- 文部科学省 HP「チームとしての学校の在り方と今後の改善方策について」
- 塩野義製薬株式会社・武田薬品工業株式会社「知って向き合う ADHD」

4 指導要録記入のポイント＆文例
～個別の指導計画や通知表をもとに記載～

限られた紙面の中，子供の特性や重点的に指導してきたことを的確に記載することで，継続的な支援に生かすことができます。

（中田　駿吾）

指導要録は重要な「公簿」

　指導要録は，子供の学籍並びに指導の過程及び結果の要約を記録し，その後の指導に役立たせるとともに，外部に対する証明等の際の原簿となるものであり，どこの学校でも必ず作成しなければならない書類です。

　指導要録は「学籍に関する記録」と「指導に関する記録」の2種類があります。子供が卒業した後も厳重に管理（「学籍に関する記録」は20年間，「指導に関する記録」は5年間）され，転入学の際の重要な資料にもなります。校内のルールを学籍担当に確認し，確実に管理・点検をしましょう。

「学籍に関する記録」の作成

　在籍に関する基本的な情報を記載します。住所や家族情報に変更があった場合は，区役所から「記載事項変更届」という書類が送られてくるので，それをもとに訂正します。変更や修正等の際には，公簿なので，二重線や訂正印を用いて訂正します。学籍に関する情報を紙資料だけでなく，データでも保存している場合は，両方を確実に訂正します。情報を変更する場合や転入・転出の際の手続きについては，各自治体に「手引き」があるので，それ

に基づいて作業を進めます。補足ですが，小さな枠に，担任印を押す必要があるので，小さな氏名印を事前に準備しておくと便利です（先輩職員や事務に確認すると，学校で用意してもらえる場合もあります）。

「指導に関する記録」の作成

「学習等の記録」「行動の記録」「出欠の記録」「総合所見及び指導上参考となる諸事項」などの項目を記録します。通常の学級の「指導に関する記録」と特別支援学級の「指導に関する記録」は様式が異なることが多いです。特別支援学級の「指導に関する記録」の多くは，各教科の様子や活動について記述で記録します。障害種別や程度により，様式が異なる場合もあるので，事前に確認しておきましょう。

個別の指導計画や通知表をもとに要点が伝わるよう作成

指導に関する記録に記載できる情報量は限られています。「その1年での顕著な成長」「子供の特性が伝わりやすい情報」「重点的に指導してきたこと」などを中心に，端的に記入していきます。指導要録のために，新しく資料を準備するよりも，「個別の指導計画」や「通知表」に記載した内容を参考にするとよいです。

指導要録の記入例

次頁に，指導要録の記入例（参考）を示します。文部科学省HPにも指導要録の参考様式がありますが，各市町村教育委員会によって，様式や細かなルールに違いがあります。各市町村の「記入の手引き」を確認しましょう。

指導要録（学籍に関する記録）記入例

○「学籍に関する記録」は20年間の保存となるため黒色インクを用い、変色のおそれの
　あるものは避ける。
○学齢簿の記載に基づき、年度当初及び変更が生じた時に記入する。
○記入事項に変更が生じた場合は、変更事項に２本線を引いて消し、抹消部分が読める
　ようにしておく。変更が生じた「年月日」を記入する。
○誤記の場合は、修正液等を使用せず、文字の上に２本線を引いて消し、訂正箇所に訂
　正者の認印を押す。
○変更のある場合が考えられる「校長氏名印」「学級担任者印」「保護者」「現住所」な
　どの記入箇所については、上部に書き、下部は空けておく。

小 学 校 児 童 指 導 要 録 （参 考 様 式）

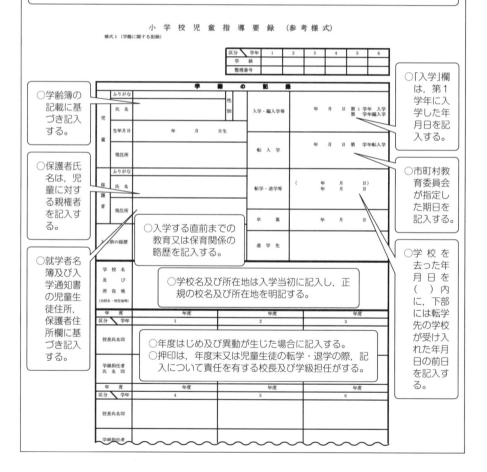

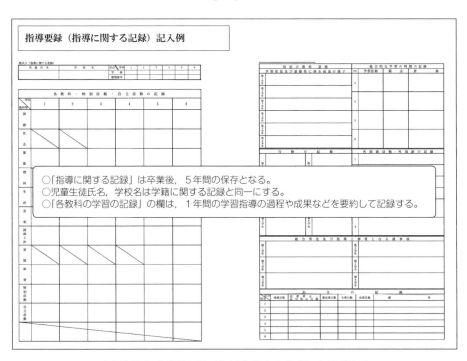

指導要録（指導に関する記録）記入例

○「指導に関する記録」は卒業後，5年間の保存となる。
○児童生徒氏名，学校名は学籍に関する記録と同一にする。
○「各教科の学習の記録」の欄は，1年間の学習指導の過程や成果などを要約して記録する。

文部科学省「指導要録（参考様式）」を参考に中田が追記

卒業時の書類準備

　卒業後，進学先に送る書類が複数あります。指導要録の原本は学校に保管
し，「指導要録抄本」を作成し，進学先の学校に送付します。その他，「卒業
生台帳」の確認や，「卒業証書」の準備，「個別の教育支援計画」「個別の指
導計画」を活用し，進学先との引継ぎなど，卒業前から卒業後にかけては，
準備する書類や確認作業がたくさんあります。特別支援学級の子供だけでな
く，通常の学級の子供たちにもかかわることなので，交流学級担任と連携を
とりながら，見通しをもって取り組んでいきます。

【参考資料】
・文部科学省HP「よくある質問と回答『指導要録は何ですか』」「指導要録（参考様式）」
・横浜市教育委員会「横浜市児童生徒指導要録記入の手引き」

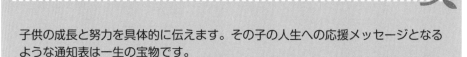

5 通知表記入のポイント＆文例

～1年間の指導を振り返り，子供の励みになる記述～

子供の成長と努力を具体的に伝えます。その子の人生への応援メッセージとなる
ような通知表は一生の宝物です。

（中田　駿吾）

通知表の役割と様式

　通知表は，子供自身や保護者に学習指導の状況を伝え，その後の学習に対
する理解や協力に役立たせるために作成されているものです。「あゆみ」や
「通信簿」などと呼ばれることが多く，学期末に子供に手渡されます。作成
に関する法的根拠はなく，作成，様式，内容等は全て学校長の裁量となって
いるため，各学校で様式が大きく異なります。多くの特別支援学級では，子
供の学習成果や生活の様子を記述し，保護者や本人に具体的に伝えています。

個別の指導計画との関連

　学習評価は，それぞれの子供の目標に応じて行います。つまり，個別の指
導計画の目標をもとに，学習状況の評価をしていくことになります。目標に
どの程度到達することができたかを正確に見取り，子供の「成長」や「努
力」が具体的に伝わるよう文章にします。

○○小学校　週間指導計画　　　　　　　　　　　　　　第　3　週

	月 4月19日		火 4月20日		水 4月21日		木 4月22日		金 4月23日
1 自 国	元気に挨拶して登校	1 自 国	歌詞カードがあると元気に歌える	1 自 国	読み聞かせ 登場人物の表情に注目していた	1 自 国	朝のスピーチで質問「何人で遊んだんですか」	1 自 国	朝のスピーチではじめて発表する
RT		RT		RT		RT		RT	
2 道 道	道徳カルタ 「やったー」と楽しみにしていた様子	2 音 音	音楽 リズム感○	2 国 国	国語 お話名人 早口になりやすい ゆっくり話す練習	2 体 体	マット運動 前転○ 後転× ブリッジ△	2 国 国	国語 お話し 内容への返答は△ 順番を守って話をすることができた
3 国 国	国語 すきな理由○ 嫌いな理由△	3 外 外	外国語 発音が上手 元気に挨拶	3 総 総	1年生を招待してのつりぼり遊び ルール説明担当	3 国 国	漢字 筆順△ 早口言葉○	3 算 算	わり算 イラストがあると、一人何個あるか理解できた
中休み		中休み		中休み		中休み		中休み	
4 算 算	算数 CM MMは読める 組み合わせて長さを読む×	4 図 図	カレンダーづくり 手本をよく見て作成 自分オリジナルキャラクターを描く	4 算 算	防災 写真を見て気づきを発表。視覚的支援が有効	4 国 国	図書 紙芝居を楽しむ	4 学 学	クラスレク 話合い 「おにごっこがしたいです。みんなすきだからです」
5 社 社	社会 雪国のくらしに興味をもつ	5 音 音	交流音楽 自分から進んで参加	5 自 自	なかよし トランプで負けて悔しがる。再度遊ぶことができた	5 社 社	社会 寒い地域でくらすための工夫と資料から見つける	5 自 自	ジェスチャーゲーム 忍者の動き。動作も分かりやすくて面白い
昼休み		昼休み		昼休み		昼休み		昼休み	
6 児 児	飼育委員会 担当曜日が決まった　木曜日	6 体 体	シャトルラン26回 「もうだめかも」と言いながらも最後まで走り切る	6		6 理 理	理科 方位磁針を使って校内探険	6 国 総	タイピング ローマ字入力であいうえおが打てた

記憶より記録

　子供たちとの生活を思い返し，通知表に記入していく際の手がかりが「日々の記録」です。記憶に頼った文章はどうしても印象論になりやすく，子供の具体的な「成長」「努力」が薄れてしまいます。慌ただしい日常の中でつい忘れがちになるかもしれませんが，簡単でもいいので毎日記録に残すことをすすめます。記録の仕方は様々ですが，例えば週案の様式に，メモ程度でよいので記録していきます。「繰り上がりのあるたし算が自力でできた」「ひらがなが5割程度読めた」「友達とケンカになる前に相談にきた」など，その日の子供の姿を記録しておくことで，後から振り返った時に，いつ，どのような成長をしたのかが明確になります（上図参照）。

通知表記入のポイントと文例

　通知表は，子供・保護者，両方の手に渡るものです。記入の際には，次の2点を意識します。

①わかりやすく書く（専門用語を使いすぎない）。

②その子の姿がイメージできる具体的なエピソードを書く。

　「わかりやすく」「具体的なエピソード」の2点を意識しつつ，以下のポイントに留意して，所見文を構成するとよいでしょう。

❶どのような力が身についたか

例：算数「時刻の読み方を理解し，1日の生活スケジュールと時刻を結びつけて友達に説明することができました。」

　　　「自信をつけました。」「～を理解しました。」「～に気づきました。」

❷子どもの成長に対して教師がどのように見取りどう感じたか

例：「学びを日常生活の中ですぐに活用しようとする姿に感心します。」

　　「成長を感じます。」「～がクラスの雰囲気を明るくします。」

❸教師がどのような支援をしてきたか（していくか）

例：「実物を操作し，イメージをもって理解できるよう支援しました。」

　　「……することで～できました。」

人生のモチベーションとなる「通知表」

　目標への到達度を客観的に評価することも重要です。通知表の文面を見ただけで，「これは〇〇さんの通知表だ」とわかるくらい，具体的な成長エピソードや努力について記述することで，単なる学習評価の枠を超え，子供や保護者の励みとなり，人生のモチベーションとなる「通知表」になります。そのような「通知表」は，子供にとって一生の宝となるでしょう。もちろん，通知表だけではなく，賞状や頑張りメダル，写真をアルバム等に整理して渡すなど，子供が成長や努力を思い返せるものを作ることもよいです。

通知表時短術

　単に効率だけを考えると，定型文をコピー＆ペーストすればいいかもしれません。文例集も多数あります。しかし，そのような文章をあてはめるだけの通知表を子供に渡す意味はあるのでしょうか。「それぞれの子供らしさ」を大切にしながらも，限られた時間の中で効率的に所見文を作成するためのコツを三つ紹介します。

❶学校のルールを事前に確認する

　先にも述べたように通知表の書式は学校によって大きく異なります。所見文の書きぶりも管理職の考えによって左右されるところがあります。「教師の主観は書かない」「事実のみを書く」など，管理職の所見文への考え方によって，思いを込めた表現が添削されることもあります。事前にその学校のルールや書きぶりについて，先輩職員や管理職に確認しておきましょう。

❷先輩職員の所見文を読む

　学校内には過去の通知表の所見文がデータで残っているはずです。先輩職員に確認し，見せてもらうと，参考にできる文章がたくさんあります。「この表現は子供のモチベーションが上がる」という文章をメモしておきましょう。文章表現が豊かになるだけでなく，時短にもなります。

❸4月から始まる所見文作成

　成績処埋週間になってから所見文を書き始めるのではなく，日々の記録の際に，所見文も書き進めます。およその内容でいいので，普段から所見文を書いていくことで，成績処理週間は文章表現を添削するだけになります。また，普段から所見文を書き進めていると，たくさん記録がとれる子とそうでない子が出てきます。記録が少ない子の様子を意識的に見ることで，全員の様子をアセスメントすることにつながります。

6 関係機関への引継ぎポイント
～今年度中に来年度のスタートを見越して～

記録をもとに支援を検討します。また，今年度中に来年度のスタートを決めておくと，担当者が変わっても支援がスムーズに継続されます。

(中田　駿吾)

子供の行動を記録する

　子供の支援について，校内の特別支援教育コーディネーターに相談したり，学校カウンセラーやスクールソーシャルワーカー，医療機関や福祉機関につないだりする時には，客観的な情報があると話がスムーズに進みます。

　アセスメントの方法は様々あります。取り組みやすいものから始めるとよいでしょう。毎日の放課後に５分だけでも子供の行動を思い返して記録する時間をとることで，たくさんの気づきがあります。

会議の目的を明確にする

　子供の支援について，校内委員会でのケース会や，関係機関と会議を開く際，次のようなことは起こらないでしょうか。
・具体的な方策が出されず「様子を見ましょう」で終わった。
・翌年担任（担当）が変わると，全て白紙の状態に戻ってしまった。
　これらは何が原因なのでしょうか。次のことが考えられます。
・子供の様子が印象によって語られ，見る人によって話す内容が変わる。
・支援策がその場のみになっていて，翌年以降に引継がれていかない。

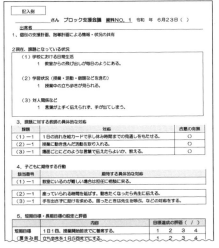

実りある会議にするためには，以下のポイントに留意します。

①子供の行動を事実（記録）に基づき，資料で共有する。

②会議は具体的な支援方針（誰が・いつ・何をする）を決定する場。

③一定期間後に再度会議を開き，支援が有効であったかどうか検証する。

　校内の特別支援教育コーディネーターと連携し，実りある会議にしましょう。

今年度中に来年度の支援会議の予定をたてる

　担任（担当）が変わることで，これまで継続してきた支援が白紙に戻ることがないよう，計画的に準備を進めます。引継ぎシートのような校内で共有できる情報を6年間引継いでいくことで，担任間の引継ぎに活用できるだけでなく，保護者にとっても継続した支援体制が引継がれていくので，安心材料となります。関係機関との会議は，今年度中に来年度の1回目の会議予定をたてることで，円滑な支援の継続が期待できます。

【参考資料】
・横浜市教育委員会「アセスメントシート様式」
・橋本信介・関口浩司著『すぐ使える特別支援サポート実物資料12ヶ月丸ごとナビ』学芸みらい社

＊本書中で紹介している外部へのリンクは刊行当時のものです。

◆**特別支援学校学習指導要領等**
（文部科学省）

https://www.mext.go.jp/a_menu/shotou/tokubetu/main/1386427.htm

自立活動の指導，また，特別支援学級では各教科においても，障害に応じた特別の教育課程を編成するために参考とする。

◆**障害のある子供の教育支援の手引**
（文部科学省）

https://www.mext.go.jp/a_menu/shotou/tokubetu/material/
1340250_00001.htm

子どもの教育的ニーズや就学に向けたプロセス，就学後の支援に関する記載が充実している。

◆**インターネットによる講義配信　NISE 学びラボ**
（独立行政法人国立特別支援教育総合研究所）

http://www.nise.go.jp/nc/training_seminar/online

１コンテンツ15〜30分程度の講義をパソコンやタブレット端末スマートフォンで学ぶことができる。

◆ **NISE「特別支援教育リーフ」**
（独立行政法人国立特別支援教育総合研究所）

http://www.nise.go.jp/nc/report_material/research_results_publications/
leaf_series

小・中学校等ではじめて特別支援学級や通級による指導を担当する先生に向けて取り組みのヒントとなる情報がまとめられている。

◆インクル DB　インクルーシブ教育システム構築支援データベース

（独立行政法人国立特別支援教育総合研究所）

http://inclusive.nise.go.jp/?page_id=13

子どもの実態から，どのような基礎的環境整備や合理的配慮が有効かを考える際に，参考となる事例が紹介されている。

◆知的障害特別支援学級担任のための授業づくりサポートキット
（小学校編）すけっと（Sukett）

（独立行政法人国立特別支援教育総合研究所）

http://www.nise.go.jp/nc/study/others/disability_list/intellectual/sk-basket

国語と算数の授業を中心に，指導計画の作成や教育課程の編成等が学べる。

◆初めて通級による指導を担当する教師のためのガイド

（文部科学省）

https://www.mext.go.jp/a_menu/shotou/tokubetu/material/1414027.htm

通級による指導の実践例（16事例も！）や基本事項・用語まで押さえられる。

◆生徒指導提要（改訂版）

（文部科学省）

https://www.mext.go.jp/a_menu/shotou/seitoshidou/1404008_00001.htm

令和4年12月に改訂され，「多様な背景を持つ児童生徒への生徒指導」という章が設けられた。クラスにいる配慮が必要な子どもたちへの指導の指針となる。

◆『改訂第3版　障害に応じた通級による指導の手引—解説と Q&A』

（文部科学省編著　海文堂出版）

【執筆者紹介】　＊執筆順

喜多　好一　　東京都江東区立豊洲北小学校統括校長

森村美和子　　東京都狛江市立狛江第三小学校

米内山康嵩　　北海道千歳市教育委員会学校教育課主査

中嶋　秀一　　北海道札幌市立真栄小学校

塩原　亜紀　　栃木県大田原市立若草中学校

大村知佐子　　富山県富山市立五福小学校

五郎丸美穂　　山口県岩国市立東小学校

新井　英靖　　茨城大学教授

池田　康子　　神奈川県川崎市立富士見台小学校

山田　明夏　　北海道札幌市立北辰中学校

増田謙太郎　　東京学芸大学教職大学院

中田　駿吾　　神奈川県横浜市立川井小学校

【編者紹介】

特別支援教育の実践研究会
（とくべつしえんきょういくのじっせんけんきゅうかい）
『特別支援教育の実践情報』（隔月）を刊行している。

喜多　好一（きた　よしかず）
東京都江東区立豊洲北小学校　統括校長
全国特別支援学級・通級指導教室設置学校長協会　会長

〔本文イラスト〕みやびなぎさ

1年の要所がわかる・見通せる
はじめての「特別支援学級」
12か月の花マル仕事術

2023年4月初版第1刷刊　©編　者　特別支援教育の実践研究会
　　　　　　　　　　　　　　　喜　多　好　一
　　　　　　　　　発行者　藤　原　光　政
　　　　　　　　　発行所　明治図書出版株式会社
　　　　　　　　　　　　　http://www.meijitosho.co.jp
　　　　　　　　　　　　　（企画）佐藤智恵（校正）nojico
　　　　　〒114-0023　東京都北区滝野川7-46-1
　　　　　振替00160-5-151318　電話03(5907)6703
　　　　　　　　　　　　　ご注文窓口　電話03(5907)6668
＊検印省略　　　　　組版所　長野印刷商工株式会社

Printed in Japan　　　　　　ISBN978-4-18-170134-5
もれなくクーポンがもらえる！読者アンケートはこちらから